역사 인터뷰,
그분이 알고 싶다

역사 인터뷰, 그분이 알고 싶다

조선 7인방이 고백한 교과서 밖 '찐' 역사

문부일 지음

다른

차례

역사 인물들의 '찐' 면모를 공개합니다

교과서가 놓친 흥미로운 역사 뒷이야기를 톡 쏘는 사이다처럼
시원하게 들려주는 유튜버 '역사 충격 고백', 줄여서 '역사 충고'입니다.
우리 방송의 매력은 역사 인물들의 솔직한 고백을 들을 수 있다는 점
이죠! 그분들의 고백은 청소년 구독자 여러분의 고민 해결에도 도움이
되니 끝까지 보고 질문도 많이 해주세요.

초대 손님을 모시기 전에, 질문 하나 할게요. 이순신 장군 하면 가장
먼저 떠오르는 것은 무엇일까요?

바로《난중일기》입니다. 이순신 장군은 왜 전쟁 중에 일기를 썼을까요?
심심해서? 임금이 매일 일기를 쓰라는 과제로 내줘서?

이순신 장군의 성격을 알면 쉽게 답이 나올 테지만, 성격이 어땠는지는
배우지 않았으니 모를 겁니다.

우리나라 역사 교육의 아쉬운 점이에요. 역사 인물들이 무슨 일을 했고
어떤 업적을 세웠는지는 자세히 가르치면서 정작 그 업적을 이루게 한
인물의 성격과 고민은 알려 주지 않으니까요!

이순신 장군은 아주 섬세하고 예민한 사람이었어요. 요즘 불면증에 시달리는 사람이 많은데요. 이순신 장군도 불면증이 심해서 밤에 달을 보며 시를 읊고 일기를 썼습니다. 일기는 주로 주변에 아무도 없고 고요할 때 그리고 고민이 있을 때 쓰게 되잖아요.

《난중일기》를 보면 몸이 아파서 20일 동안 누워만 있었다거나, 자다가 땀을 너무 많이 흘려서 이불이 젖었다는 기록이 있어요. 이순신 장군은 신경을 많이 쓰고 근심 걱정이 많아서 배탈도 심하고, 자주 아팠습니다. 요즘 말로 하면 움직이는 종합병원이었죠.

임진왜란에서 용감하게 왜군을 물리친 이순신 장군 캐릭터와 동떨어져서 실망했다고요? 다시 한번 생각해 보세요. 몸과 마음이 힘든 상황에서도 기운을 내 왜군과 싸우러 나간 모습이 감동적이지 않나요? 《난중일기》를 읽다 보면 이순신 장군이 얼마나 대단한 인물인지 알 수 있는 것은 물론이고, 큰 위로를 얻게 됩니다.

사람들은 영화, 드라마, 웹툰, 만화 같은 재미있는 이야기를 좋아합니다. 이야기 속 주인공의 아픔과 실수, 상처에 공감하면서 이야기에 빠져들어요. 위기에 빠진 주인공이 좌절하다가 다시 도전하고 극복하는 모습을 지켜보면서 자신을 돌아보죠. 그 속에서 용기도 얻고 상처도 치유합니다.

역사를 흥미로운 이야기로 바꿔 생각해 볼까요? 역사 인물은 이야기의 주인공이 됩니다. 이순신 장군을 예로 들어 봅시다.

이순신 장군은 예민한 성격을 장점으로 활용해 전쟁을 철저하게 준비했고 덕분에 왜군을 물리칠 수 있었어요. 우리는 그 과정을 지켜보며 용기를 얻습니다. 예민한 성격이 고민인 사람은 이순신 장군을 보며 자기 성격의 긍정적인 면을 발견하죠. 이것이 우리가 역사를 배우는 큰 이유입니다.

이제 눈치 채셨나요? 역사는 소설, 영화, 드라마 못지않게 매력적인 이야기라는 것을! 우리나라 청소년들은 시험을 보기 위해 역사를 배우는데, 특히 정치사 중심으로 공부합니다. 그래서 사건을 암기할 수밖에 없죠. 역사 인물의 성격이나 고민 등 개인적인 면모를 살펴볼 기회가 없으니 역사는 재미없다는 억울한 오해를 받습니다.

그런 까닭에 우리 방송에서는 사건 발생 연도와 사건명을 최대한 언급하지 않으려 합니다. 연도는 인터넷에 검색만 해도 알 수 있으니까요! 나무 한 그루 한 그루도 중요하지만 그 나무들이 모여 이룬 역사의 숲을 봐야 합니다. '역사 충고'를 통해 역사에 대한 고정관념을 부수고, 역사와 더 가까워지면 좋겠습니다.

설명이 길었죠? 지금 바로 방송 시작합니다.

마지막으로 구독과 좋아요 눌러 주세요!

세종

"운명은 스스로 만들어 가는 것"

~~~~~~~~

1397년(태조 6) ~ 1450년(세종 32)

조선 제4대 왕. 태종 이방원의 셋째 아들이지만, 적장자인 양녕대군을 제치고 왕위에 올랐다. 신하들의 거센 반대를 무릅쓰고 우리나라 글자인 훈민정음을 창제했으며 노비 출신인 장영실을 등용해 조선의 과학기술 발전에 크게 기여했다.

전 세계에는 수많은 문자가 있죠. 그중 만든 사람과 반포일이 유일하게
알려진 문자는 무엇일까요? 힌트를 달라고요? 알파벳을 만든 사람,
한자를 만든 사람이 누구인지 들어 본 적 있나요? 그렇다면 한글은
누가 만들었을까요?

맞아요. 세종대왕입니다. 훈민정음 해례본에는 문자를 창제한 목적과
원리까지 기록되어 있습니다.

우리는 휴대전화로 문자를 보낼 때 글자를 빠르게 입력하는데,
자음과 모음으로 이루어진 한글 덕분입니다. 한글은 배우기도 쉬워서
우리나라는 문맹률이 낮아요. 독자적인 문자가 없어서 고유어를
잃어버릴 위기에 처한 인도네시아 소수민족 찌아찌아족도 한글을
문자로 사용하고 있죠. 무려 10년이 넘도록요. 한글은 모든 발음을 적을
수 있기에 가능한 일이었습니다.

이렇게 위대한 한글을 만드는 데 주도적인 역할을 한 사람은 바로
세종대왕이죠. 오늘은 세종대왕님을 모시고 어떤 충격 고백을 하실지

운명은 스스로 만들어 가는 것 세종

귀담아들어 볼게요.

세종   안녕하세요. 세종입니다. 본명은 이도입니다.
방송을 보는 모든 분 구독과 좋아요 눌러 주세요. '좋아요'는
영어가 아니라 참 좋아요!

충고   유네스코에서 문맹 퇴치에 기여한 사람이나 단체에 상을
주는데 이름이 '세종대왕 문맹퇴치상'이에요. 전 세계에서
한글의 위대함을 인정하고 있습니다. 소감이 어떠세요?

세종   한글을 창제할 때는 주위의 반대가 아주 심했어요. 자신감이
없었다면 버티지 못했을 겁니다. 옳다고 생각하는 일은
꿋꿋하게 밀어붙여야 합니다.
한글이 있기에 아름다운 우리말을 제대로 기록할 수 있어요.
한자만으로는 한국인의 정서를 살려 표현하기 힘듭니다. 예를
들어 셀 수 없이 많은 맛 표현도 한자만으로는 제대로 묘사할
수 없어요.

충고   세종대왕님은 욕도 잘한다고 들었는데요. 유튜브니까 욕도
가능합니다! 다만 수위가 너무 높아서 논란이 되지 않도록
자체 검열 부탁드립니다.

세종   제가 욕을 했다고 《조선왕조실록》에 나와 있죠? 욕한 것까지
적는 그 사관들! 아주 칭찬해요. 공무원이 그런 직업 정신이
있어야죠.

휘지비지에서
흐지부지

충고 성함이 이도라고 했는데 많은 분이 낯설어 하실 것 같아요. 왜 한 글자, 외자인지 궁금하네요.

세종 예리한 지적입니다. 정조의 이름도 외자예요. 이산이죠. 조선 시대 왕들의 이름을 보면 한 글자가 참 많아요. 그 이유는 왕의 이름에 쓴 한자를 일상생활에서 사용하지 못하게 했기 때문입니다. 이를 숨긴다는 뜻에서 '휘지비지'라고 했어요. 이름이 두 글자면 그만큼 쓸 수 있는 한자도 적어져 백성들이 불편하니, 되도록 잘 안 쓰는 한자 한 글자로 지었습니다. 심지어 왕의 이름과 같으면 지역 이름을 바꾸기도 했어요. 그런데 '휘지비지'라는 말이 변해서 요즘은 '흐지부지'로 쓰인다면서요?

충고 그럼 아버지 태종, 이방원은 왜 이름이 두 글자죠?

세종 아버지는 원래 왕족이 아니었잖아요. 고려 말 변방인 함흥에서 태어난 아버지는 자신이 왕이 되리라고는 생각도 못 했죠. 물론 태조 이성계 할아버지도 마찬가지입니다.

충고 우리에게는 이름보다 태종, 세종이라는 묘호가 더 익숙한데요. 묘호를 붙이는 기준이 있나요?

세종 묘호는 왕이 죽은 뒤에 붙이는 이름을 말합니다. 묘호에는

운명은 스스로 만들어 가는 것 세종

차이가 있는데요. '조'는 개국, 즉 나라를 세우거나 커다란
공로를 세운 왕에게 붙이고, 그 이후 나라를 잘 유지한
왕에게는 '종'을 붙입니다.

그런데 기준과 맞지 않게 내 아들 수양대군은 세조라고 했죠.
또 종이었다가 이후에 조로 바뀐 왕도 있어요. 원래 정조는
정종이었고, 영조는 영종이었습니다.

세조는 특히 내 사랑하는 손자, 단종을 폐하고 왕이 되어
정통성이 없었어요. 그래서 조를 붙여 권위를 높인 겁니다.

제 삼촌이기도 한 정종은 조선의 두 번째 왕이지만, 사실
큰 존재감이 없어서 당시에는 묘호 없이 공정왕이라고
불렀습니다. 그러다가 숙종 때 정종으로 바뀌었어요.
정종 삼촌을 조선 제2대 왕으로 인정하면 아버지 태종의
정통성에 문제가 생겼거든요.

삼촌, 죄송합니다. 정치는 원래 비정한 거잖아요!

충고   슬픈 사연이네요. 조선 시대에는 정종을 두 번째 왕으로
인정하지 않았다는 뜻이잖아요. 그래도 정종은 태종 이방원
형제 중에서 거의 유일하게 편안하게 살다 세상을 떠났죠.
본격적으로 이야기를 시작해 보겠습니다.

한글 창제를 비롯해 노비였던 장영실을 등용해 많은 천문
기구를 개발하는 등 세종대왕님의 업적은 이미 널리 알려져
있습니다. 이 시간에는 대왕님의 삶에 더 집중할게요.

먼저 형님인 양녕대군을 제치고 왕위에 오른 사연을
들려주세요.

적장자가
뭐야?

세종   훗날 왕이 될 세자인 양녕대군이 저한테 왕위를 양보했다고
하는데, 오늘 충격 고백을 하나 할까 합니다.
양녕대군은 세자 자리에서 내려올 마음이 없었어요. 왕이 되기
싫어도 스스로 세자 자리에서 내려올 수 없기도 했고요.

충고   형제의 우애를 보여 주는 그 아름다운 이야기는 거짓인가요?

세종   글쎄요. 조선 시대에는 유교 규범에 따라 큰아들, 즉 장자가
아버지의 대를 잇는다는 적장자 계승 원칙이 있었습니다.
이런 원칙이 없었다면 왕자들끼리 서로 왕이 되겠다고 싸움이
났겠죠?

충고   적장자란 무엇인지 쉽게 설명 부탁드릴게요.

세종   중전이 낳은 아들을 '적자' 또는 '대군'이라고 부르는데,
그중에서도 큰아들을 '적장자'라고 합니다. 양녕대군이 바로
적장자예요.
반면에 후궁이 낳은 아들인 서자는 '군'이라고 합니다.
이름에서 알 수 있듯이 광해군은 서자예요.

왕의 딸도 중전이 낳으면 '공주', 후궁이 낳으면 '옹주'가 되죠.
덕혜옹주 역시 고종의 후궁, 귀인 양씨가 낳아서 옹주입니다.

충고 조선 왕 중에 적장자 출신인 왕이 얼마나 되나요? 적장자인
것이 왕이 되는 데 중요한가요?

세종 스물일곱 명의 왕 중에 적장자는 일곱 명입니다.
조선 시대는 명분을 중시하는 사회라서 적장자의 권력은
누구도 무시하지 못했어요. 적장자는 하늘이 정한 미래의
임금이기 때문이죠. 그만큼 적장자가 임금이 되는 것은
당연하게 받아들여졌어요.
그래서 반정으로 왕이 되면 권력도 없고, 정통성도
떨어졌습니다. 신하들의 힘을 얻어 왕이 되었으니 그들 눈치도
봐야 했죠.

충고 적장자의 힘이 이렇게 강력한데, 어떻게 형을 제치고 동생이
왕이 될 수 있나요?

세종 적장자가 살아 있는데 동생이 왕이 되면 정통성이 없어서
왕권을 키우기 힘들어요. 그래서 서자 중에서도 둘째 아들인
광해군은 왕위에 오른 뒤 형인 임해군이 역모를 일으키자
임해군을 죽일 수밖에 없었습니다.
광해군은 왕권을 위협하는 존재인 적장자 영창대군도 죽였죠.
적통인 영창대군이 살아 있으면 언제든 역모가 일어날 수
있으니까요. 다시 말하지만 정치는 치열한 생존 투쟁이라

비정합니다.

실제로 광해군의 아버지인 선조는 영창대군에게 왕위를
물려주려고 했어요. 왜냐하면 선조는 조선 최초의 방계
출신 임금이라는 콤플렉스가 있었어요. 물론 임진왜란
문제도 있었지만, 그 바탕에는 방계 혈족 출신이라는 약점이
있었습니다.

왕도 콤플렉스가
있다고?

충고　방계가 뭐죠?

세종　왕의 아버지는 당연히 왕이잖아요. 그것을 '직계'라고 합니다.
　　　명종의 아들이 일찍 세상을 떠나는 바람에 세자가 없자 조카인
　　　덕흥군의 아들이 왕위를 물려받아요. 바로 선조죠. 이런
　　　경우를 방계라고 합니다.
　　　대원군이라는 말 많이 들어 보셨죠? 방계 출신 임금의
　　　친아버지에게 주는 작위입니다. 흥선군도 아들인 고종이 왕이
　　　되면서 흥선대원군이 된 거예요. 마찬가지로 선조의 아버지는
　　　덕흥대원군이라고 합니다.
　　　방계 출신 임금인 선조는 자신의 후계자만큼은 적장자인
　　　영창대군이 되기를 바랐어요. 결국 그 욕심 때문에 영창대군과

　　　　　　　　　　　　　　　운명은 스스로 만들어 가는 것　세종

광해군 모두 비극적인 최후를 맞습니다.

충고   적장자가 왕이 안 되면 어떻게 되나요?

세종   거의 죽임을 당해요. 정통성은 있는데 왕이 안 되었으니 역모에 휩쓸립니다. 만약 누군가 역모를 일으키고서 적장자를 왕으로 추대하려 했다고 하면 그 적장자는 꼼짝없이 형벌에 처해집니다.

사실 왕 입장에서 적장자는 언제나 위협이 될 수 있는 존재잖아요. 광해군이 영창대군을 강화도 시골에서 증살한 것도 이 때문입니다. 증살이란 방에 서 있지 못할 정도로 불을 뜨겁게 때서 죽게 하는 아주 잔인한 살해 방법이에요.

저의 큰형님이자 적장자인 양녕대군도 마음대로 왕위를 포기할 수 없었어요. 세자 자리에서 내려오면 형의 처가부터 측근이 전부 몰락하기 때문입니다. 본인이 죽을 것도 불 보듯 훤하고요.

형님도 그 사실을 잘 알 테니 저한테 부담을 주지 않으려고 정치권에는 일절 기웃거리지 않았습니다. 둘째 형인 효령대군도 정치와는 거리를 두고 불교에 귀의한 덕분에 편안한 삶을 살았죠. 정치에 관심이 없다고 증명해야 역모에 휩쓸리지 않거든요.

가족은
운명 공동체

충고 이야기를 듣고 보니 셋째 아들인 세종대왕님이 왕이 되었다는
사실이 더욱 놀랍네요. 세자 폐위는 쉽지 않은 일이잖아요.

세종 이제부터 비밀을 털어놓을게요.

저는 어린 시절 제 아버지, 태종 이방원을 보고 자랐어요.
아버지는 다섯째 아들이라 절대 왕이 될 수 없는 위치였죠.
그런데 저는 아버지가 왕이 되는 모습을 직접 보았습니다.
어떻게 그럴 수 있었겠어요? 삼촌들을 죽인 거죠.
이 사건에서 알 수 있듯이 왕이 되지 못한 왕자는 죽을 위험에
처할 수 있어요. 그래서 저는 도전했어요. 애초에 아버지가
세자로 낙점되어서 자연스럽게 왕위를 물려받았다면 저도
왕이 되겠다는 꿈은 꾸지 않았을 겁니다.

충고 어쩌면 사람의 운명은 어린 시절 가정환경에서 결정될 수
있겠네요.

세종 사람이 태어나서 처음 경험하는 집단은 가족이죠. 그렇기에
가족 안에서 가치관이나 세계관이 형성되기 시작합니다.
세상에서 가장 어려운 일은 무엇일까요? 성적을 높이는 것이
아니라 바로 자신을 아는 것입니다. 자신을 알기 위해서는
가장 먼저 부모와 형제, 그리고 자신의 성격을 분석하고

가정환경과의 관계를 살펴봐야 합니다.

충고 저도 가족과 성격이나 외모, 식성 등이 닮았어요. 그래서
가족을 운명 공동체라고 하는군요.

세종 인생을 흔히 운명이라고 하죠. 운명이란 이미 정해진 것이니
팔자소관이라고 하면서 순응하며 살아가라는 뜻일까요?
아닙니다. 자신의 운명을 정확히 알아야 그 굴레를 극복하고
변화시킬 수 있습니다. 자신이 처한 환경을 비관하면서
좌절하지 말고, 그것을 똑바로 보고 헤쳐 나가라는 뜻이에요.
운명은 스스로 바꾸어 나가는 것입니다.

충고 정말 중요한 말씀입니다. 지금까지 역사를 정치사 중심으로
배우면서 연도와 인물의 업적을 암기하기 바빴는데요.
지금부터는 역사 인물들의 삶에 집중하면서 저 자신을
돌아봐야겠습니다.

도전과 의지의
아이콘

충고 슬슬 핵심에 다가가고 있습니다. 다음은 어려운 질문인데요.
어떻게 왕위에 오르셨나요?

세종 의지와 집념의 결과라고 할 수 있습니다.
양녕대군은 공부는 뒷전이고 기생들과 놀러 다니는 등

사고를 많이 쳤어요. 그래서 아버지 눈 밖에 났지만, 아버지는 참았습니다. 형제를 죽이고 왕위에 올랐다는 콤플렉스가 있었으니까요. 조선 건국 이후 거의 첫 세자나 다름없는 양녕대군이 왕이 되지 못하고 쫓겨나면, 그 이후에 왕위를 놓고 형제들끼리 혈투를 벌일 수 있으니 아버지는 무조건 양녕대군을 지지했어요.

충고　　그런데 어떻게 해서 세자가 바뀌었나요?

세종　　저는 어린 시절부터 왕이 되고 싶어서 아버지에게 제 능력을 많이 알렸습니다. 그러다 결정적인 일이 생겼죠. 양녕대군이 계속해서 사고를 쳤는데, 아버지는 그 사실을 몰랐어요. 훗날 왕이 될 세자의 비리를 고발하는 신하는 없을 겁니다. 그랬다가는 목숨이 날아갈 테니까요. 그래서 제가 아버지에게 직접 형님의 행각을 고발했습니다.
저는 왕이 되고자 열심히 공부하고 노력했어요. 고발 사건도 그중 하나였습니다. 요즘 말로 표현하면 '왕위 등극 프로젝트'를 스스로 기획부터 연출, 그리고 실행까지 한 거죠. 《조선왕조실록》에 이런 기록이 있어요. 형님과 제가 나눈 대화입니다.
"네가 아버지께 말했냐? 세종은 답하지 않았다."
침묵은 긍정을 의미하잖아요. 제가 고발했다는 뜻이에요.

충고　　실록에 기록되었는데 왜 알려지지 않았을까요?

세종 　《조선왕조실록》은 왕도 함부로 볼 수 없어서 알려질
　　　수가 없어요. 또한 이후 왕들은 모두 제 자손이니 당연히
　　　알려지기를 원하지 않았겠죠?
　　　저는 절대 왕이 될 수 없는 운명을 타고났지만, 부단하게
　　　노력해서 피를 흘리지 않고 평화적으로 왕위에 올랐습니다.

아버지의
존재감

충고 　세종대왕님은 엄청난 업적을 세우셨죠. 한글이라는 독자적인
　　　문자를 창제하고, 많은 사람의 반대를 무릅쓰고 노비 출신의
　　　장영실을 등용했습니다. 신분제 사회인 조선에서 왕이 관가의
　　　노비, 즉 관노에게 중요한 일을 맡긴다는 것은 상상조차 하기
　　　어려웠을 텐데 말이죠.
　　　세종대왕님은 옳다고 생각하는 일에 추진력을
　　　발휘하셨습니다. 그 힘은 어디에서 온 것일까요?

세종 　성격은 아버지를 많이 닮아서 목표가 생기면 의지를
　　　가지고 밀어붙입니다. 아버지는 이성적이고 냉정하기로
　　　유명하잖아요. 인터넷에서는 아버지를 '킬(kill)방원'이라고도
　　　부르더군요.
　　　어머니도 닮았죠. 사실 왕위 계승권을 둘러싸고 일어난

'왕자의 난' 때, 머뭇거리는 아버지를 전폭적으로 도운 사람은
어머니였어요.

어머니의 준비성과 추진력에 아버지의 폭발적인 힘이
더해진 결과, 아버지는 왕위에 오를 수 있었습니다. 어머니가
없었다면 아버지는 왕이 되지 못했을 거예요. 그리고 조선은
500년의 기틀을 잡지 못했을지도 모릅니다.

다시 말하지만 자신의 성격을 알려면 먼저 부모님이 어떤 삶을
살았고, 어떤 성격을 지녔는지 객관적으로 분석해야 합니다.
자식은 유전적으로 부모의 성격에 영향을 받습니다. 이후
환경적 요인도 물론 중요하지만요. 부모의 성격에서 안 좋은
면을 닮을 수도 있을 테니, 부정적인 면은 고민하고 노력해서
긍정적으로 바꿔야겠죠?

충고 세종대왕님의 성격은 부모님께 물려받은 것이군요.

세종 그런데 정치 세계는 왕의 의지만으로 좌우되지 않습니다.
왕이 하려는 일에 반대하는 신하들의 힘도 만만치 않거든요.
한글을 창제하고, 관노인 장영실에게 큰 임무를 맡길 수
있었던 것은 아버지가 앞서 왕권을 강화한 덕분이에요.
아버지가 터를 마련하지 않으셨다면 제가 해낸 많은 일을
이루기 힘들었을 겁니다.
저와는 반대 상황에 놓였던 왕이 있어요. 조선 후기의
성군으로 일컬어지는 정조예요.

정조는 개혁을 강하게 밀어붙일 수 없었습니다. 그 이유에는
그의 아버지 사도세자가 있었어요. 사도세자와 첨예하게
갈등했던 신하들이 집권하고 있어서 정조에게 아무리 좋은
생각이 있어도 추진력이 생기지 않았습니다. 정조가 즉위하고
얼마 되지 않아 침전에 자객이 들 정도였죠. 그만큼 왕권이
취약한 정권이었습니다.

충고 가족은 힘이 되기도 하지만, 갈등의 원인이 되기도 하네요.
역시나 가족은 운명 공동체라는 생각이 듭니다. 태어날 때부터
죽을 때까지 그 연결 고리를 끊어 내기가 쉽지 않은 듯해요.

한글 창제에
숨겨진 이야기

충고 한글은 어떻게 해서 창제하게 되었나요? 문자를 만들겠다고
생각한 그 상상력이 놀랍습니다.

세종 집안 이야기를 또 해야겠네요.
우리 집안은 고조할아버지 즈음부터 원나라의 벼슬을 했어요.
그 때문에 원나라를 등에 업고 출세한 정치 세력인 부원배라고
비난받기도 했죠. 원나라 사람들과 소통하다 보니 원나라 말에
친숙했습니다.
또한 태조 이성계 할아버지는 고려의 수도 개경으로 올라오기

전, 함경도 함흥에 살았는데요. 역사적으로 함흥은 여진족과
만날 기회가 많은 지역이라 여진족 언어에도 친숙했습니다.
할아버지의 의형제인 이지란 할아버지 아시죠? 그분이 바로
여진족 출신이에요.

집안이 변방에 있다 보니 다양한 언어를 하는 사람이 있었고,
그래서 저 또한 어릴 때부터 언어에 민감했죠. 제가 만약
200년 뒤, 조선 중기에 태어났다면 새로운 문자를 만드는 일은
떠올리지 못했을 거예요.

충고 생각해 보니 그렇네요. 세종대왕님의 말씀을 들을수록 왜
성장기 가정환경이 중요하다고 하는지 알 것 같습니다.

과거제와
공무원 시험

충고 장영실을 등용한 일은 지금 봐도 파격적이에요.

세종 신분제 사회에서 이런 파격은 받아들여지기가 정말 힘들어요.
다른 천민들이 막연한 희망을 품게 되면 신분제가 흔들릴
위험이 있으니까요. 지배층의 반발이 거셀 수밖에 없습니다.
하지만 저는 재능이 있다면 신분과 관계없이 누구에게나
일을 맡기고 싶었어요. 능력이 있어도 그것을 꽃피울 수 없는
사회는 닫힌 사회니까요. 그런 사회에서 사람들은 좌절하고

더 발전하지 못합니다.

요즘 금수저, 흙수저라는 말을 많이 하잖아요. 부모의 재력에 따라 자식의 삶이 결정된다면 심각한 문제예요. 어떤 일에 재능과 열정이 있다면 그것을 발굴하고 키워서 사회 발전의 동력으로 삼아야 합니다. 그 역할은 국가와 사회가 함께해야 합니다.

조선 왕조는 무려 500년 동안 유지되었어요. 세계에서 이렇게 오래간 왕조는 없습니다. 조선이 오랜 시간 존속할 수 있던 바탕에는 과거제가 있었어요.

과거제는 서양에서는 찾아보기 힘든 공개 채용 시험인데요. 과거제에 장점도 많지만 조선 후기에는 폐단이 상당했습니다. 시간이 흐르며 세상은 계속 바뀌는데 과거제는 크게 바뀌지 않고 이어졌거든요. 그 부분이 문제가 되었죠.

충고   정확히 어떤 문제가 있었는지 궁금합니다. 자세한 설명 부탁드릴게요.

세종   과거 급제는 효도이자 권력을 잡을 수 있는 기회였어요. 그러니 모든 양반 남성은 과거를 준비했죠. 열 살에 시작해서 죽을 때까지 공부만 한 사람도 많았어요. 그만큼 과거에 합격하기가 어려웠습니다. 조선 후기에는 과거의 비리가 엄청나서 대리로 시험을 보는 경우도 많았어요. 그러다 보니 자연스럽게 사회 개혁의 중심에 서야 할

지식인들이 기존 사회에 길들여지면서 나라 전체가
보수화되었습니다.

또한 모두의 관심이 과거 급제로만 쏠리니 좋은 물건을
만들어서 돈을 벌거나, 다른 나라와 무역을 해서 이윤을 얻고
일자리를 늘리는 등의 새로운 생각은 전혀 하지 않았습니다.

충고　조선 시대와 비교하면 현재 대한민국은 어떠한가요?

세종　크게 다르지 않습니다. 지금도 사회적으로 명문대 진학에
집착하고 안정된 직장에 취업하려고만 합니다. 중고등
학교에서는 대학 입시에 필요한 과목 중심으로 배우고, 대학
졸업 후에는 너 나 할 것 없이 공무원 시험을 준비하는 모습이
과거제와 비슷해 보이지 않나요?

세상이 이러니 열정 넘치는 청년들은 숨이 막힙니다. 사업
수완을 발휘해 좋은 기획을 떠올리고, 이를 연구 개발해서
생산하고 수출하면 국가 차원에서 수익도 늘고 일자리도
창출할 수 있을 텐데, 그런 시도를 하기 어려운 세상이에요.

충고　장영실 선생도 관노의 삶에서 벗어나지 못했다면 재능을
발휘할 기회를 얻지 못했을 겁니다. 세종대왕을 만나지 못한
장영실, 상상만 해도 아찔하네요. 그런 의미에서 노력하는
사람들의 만남은 참 아름답습니다.

세종대왕님도 노력하며 운명에 맞서지 않았다면 이름 모를
왕자로 살았을 테고, 한글을 비롯한 많은 문화유산도 남기지

못했을 겁니다. 역시나 세상의 모든 일은 우연처럼 보이지만
사실 필연인 듯합니다.

흥미로운 이야기를 듣다 보니 벌써 한 시간이 훌쩍
지나갔네요. 이제 우리 사회의 미래인 청소년들의 질문을 들어
보겠습니다.

Q&A
: 그것에 답해 드림

단식투쟁 가족은 운명 공동체라고 하셨는데, 저희 집은 가난해서 대학
진학을 꿈꿀 수 없어요. 그래서 부모님을 원망하기도 합니다.
어쩌면 좋을까요?

세종 사람들은 가난하면 공부라도 잘하라고 쉽게 말하는데 요즘은
그것도 어려워요. 공부도 집안의 경제력이 뒷받침되어야 하는
시대이기도 하고, 당장 미래가 보이지 않으니 노력할 의욕도
생기지 않기 때문입니다.

이런 사연을 들을 때마다 지금보다 복지 제도가 많이
마련되어야 한다는 생각이 듭니다. 형편이 어려운 학생들도
꿈을 향해 도전할 수 있는 기회를 주어야 해요.

세상이 이렇다고 포기하기는 이릅니다. 먼저 진학하고자 하는

대학의 장학금 제도를 알아보고, 마땅치 않다면 사이버대학을 선택하는 방법이 있습니다. 그전에 본인이 정말 하고 싶은 공부가 무엇인지 찾아야 합니다. 그것을 발견하면 어느 대학을 가더라도 돌파구가 생길 거예요.

당장 대학에 가지 않아도 됩니다. 일하면서 돈도 벌고 세상 공부도 하면서 적성을 찾은 뒤에 대학에 가도 늦지 않아요. 요즘은 대학에 가서도 여러 이유로 휴학하거나, 편입, 재수하는 경우가 많아서 20대 후반에 졸업하는 사람도 많아요. 스무 살에 대학에 가야 한다는 고정관념에서 벗어나면 정말 마음이 편해집니다. 세상의 기준, 시선에 얽매이지 않으면 더 단단한 사람이 될 수 있어요.

나아가 반드시 대학에 가지 않아도 꿈을 이룰 수 있는 사회가 되어야 합니다. 그래야 등록금을 마련하느라 부모님과 자녀 모두 고생하지 않죠.

단식투쟁 님의 꿈을 응원합니다.

나약해 저는 의지가 약해서 뭔가 시작해도 금방 포기합니다. 흐지부지, 저한테 딱 어울리는 말이에요. 어떻게 하면 세종대왕님처럼 의지가 강한 사람이 될 수 있을까요? 특히 수학을 싫어하는데, 공부를 해도 성적이 오르지 않아서 자꾸 포기하고 싶어집니다.

세종 달리기만 하더라도 단거리에 맞는 사람, 장거리에 맞는 사람이 따로 있어요. 금방 포기해서 고민이라면 결과가 빨리 나오는 것에 도전하세요. 6개월 뒤, 1년 뒤가 아니라 그보다 짧은 보름 뒤에 결과를 알 수 있는 일에 도전하고 성취하다 보면 자신감도 생기고 또 다른 일에 더 쉽게 도전하게 됩니다. 성취하는 방법을 몸소 깨달았으니까요. 그래서 한 번 성취한 경험이 있는 사람이 다른 일에도 또 도전하고 이루어 냅니다. 반대로 실패를 반복하는 사람은 성취하기 전에 포기하며 또 실패하게 되죠. 악순환이에요.

아무리 노력해도 수학이 싫다면 수학을 공부하는 시간을 조금 줄이고 대신 자신이 좋아하는 일에 더 집중하세요.

만약 제가 책 읽기나 공부가 아니라 운동으로 성과를 내야 했다면 잘해 내지 못했을 겁니다. 웹툰 그리기를 좋아하면 그림을 그리면서 밤을 지새워도 즐겁고, 요리를 좋아하면 평소에 밥을 먹다가도 요리 생각을 할 거예요.

좋아하는 것을 찾으려면 별수 없어요. 새로운 경험을 많이 해야 합니다. 노력해야만 좀 더 일찍 재능을 발견할 수 있습니다. 매일 방에서 낮잠만 자는데 자신이 뭘 좋아하는지 어떻게 알 수 있겠어요?

봉사활동을 하다가, 음식을 만들다가, 운동을 하다가 자신이 무엇을 좋아하는지 알게 되는데, 학교와 학원에만 머무는 우리나라 교육 환경에서는 진짜 적성을 찾기가 어렵습니다.

청소년기를 그렇게 마치고, 대학도 취업이 잘되는 학과를
선택해 졸업하고 공무원 시험을 보겠죠.

청년들이 공무원 시험에 몰리는 이유는 직업이 주는 안정감도
있지만 자신이 뭘 좋아하는지 모르는 우리 사회를 반영합니다.
공무원 시험에서는 특기와 적성은 보지 않잖아요.

무엇이 되었든 지금 당장 치열하게 하세요! 제발! 이런 고민과
질문을 한다는 것은 그 자체로 무한한 가능성이 있다는
뜻입니다.

청백리
황희 정승의 비밀

《조선왕조실록》은 유네스코 세계기록유산에 등재된 자랑스러운 우리의 문화유산이야. 태조부터 철종까지 472년간의 조선의 정치, 경제, 사회, 문화, 천문, 풍속 등 여러 분야를 연원일 순서에 따라 쓰는 편년체로 기록했어. 참고로《고종실록》과 《순종실록》은 조선총독부 주도로 편찬해 역사 왜곡이 많아서 인정하지 않아.

《조선왕조실록》에는 흥미로운 이야기가 엄청 많아.

임진왜란 때 피난 가는 선조를 사관들이 쫓아가면서도 기록했다고 전해지고, 사냥하다 말에서 떨어진 태종은 이를 사관들이 알지 못하게 하라고 했다고 해. 그런데도 실록에 그 상황이 고스란히 남았으니 사관들의 노력이 얼마나 대단했는지 알겠지? 투철한 직업 정신과 인문 정신의 상징이야.

실록은 왕이 승하하고 그다음 왕 때 실록청을 설치해서 편찬했어. 사관들의 기록인 사초를 비롯해 여러 자료를 바탕으로 정리했지. 사초에는 기록한 사관의 이름을 밝히지 않아도 되어서 자유롭게 왕의 행적을 적을 수 있었다고 해.

실록 편찬이 끝난 후에 사초는 어떻게 했을까? 북한산 계곡에서 씻어 다시 사용했어. 그 과정을 세초라고 하는데, 사초는 먹으로 적어서 물에 금방 잘 씻기는 데다가 우리나라 한지가 워낙 품질이 좋아서 재활용이 가능했지.

《조선왕조실록》은 전국 여러 군데에 있는 사고(중요 서적을 보관하던 서고)에 보관했는데, 임진왜란 때 전주 사고를 제외하고 모두 불에 탔어. 전주 사고의 실록은 선비들이 산속 깊은 곳에 숨겨 놓은 덕분에 화를 면한 거야.

《조선왕조실록》은 왕들도 함부로 보거나 수정할 수 없었어. 그래서 널리 알려진 사실이 실록에 남은 기록과 다른 경우가 있는데, 대표적으로 청백리로 유명한 황희 정승이 그래.

황희는 대사헌이라는 높은 벼슬을 맡았을 때 뇌물을 받아 별명이 '황금 대사헌'이라고 실록에 적혀 있어. 또 실록을 보면 황희는 사위가 살인을 저질렀을 때 뇌물을 줘서 무마하려고 한 데다 매관매직을 해서 부를 쌓았다고도 하지. 이렇게 도덕성이 부족한 사람이 어떻게 해서 태종과 세종의 사랑을 받아 승승장구했을까? 궁금하면 자료를 찾아볼까?

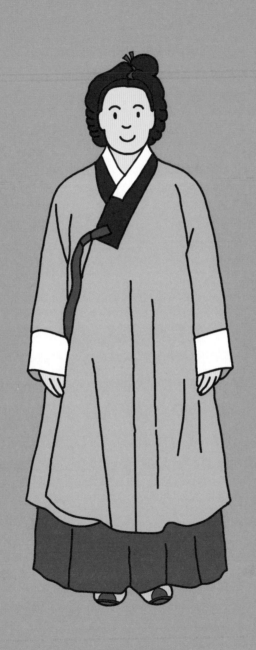

김만덕

"공부? 다른 길도 많습니다"

~~~~~~~~~

1739년(영조 15)~1812년(순조 12)

제주도에서 기생으로 살다가 큰 뜻을 세워 객주를 운영하면서 조선 시대 여성의 한계를 극복하고 막대한 부를 이루었다. 제주에 기근이 들었을 때 육지에서 쌀을 사다가 사람들을 구제한 노블레스 오블리주의 상징이다. 이를 높이 산 정조는 궁궐 구경과 금강산 여행이라는 김만덕의 소원을 들어주었다.

조선 역사에 긍정적으로 기록된 여성이 얼마나 될까요? 손에 꼽을 정도로 찾기 힘들어요. 특히 조선은 유교가 국가 이념인 남성 중심 사회였습니다. 주체적인 여성이 나오기 어려운 환경이었죠.

역사책에 나오는 여성으로는 장녹수, 장희빈, 김개시, 정난정 등이 유명한데, 모두 부정적으로 묘사됩니다. 신사임당도 있지만 아들 율곡 이이의 어머니로서의 모습이 강조되죠. 그 당시 자신의 능력을 마음껏 키우며 살아간 여성이 있었다 해도 역사에 기록되기는 쉽지 않았을 거예요. 기록은 대부분 남성이 했으니까요.

이 시간에는 신분의 제약, 여성이라는 성별의 한계 등 모든 굴레를 뛰어넘어 조선 사회에 큰 반향을 일으킨 사업가를 소개하겠습니다. 조선 시대와 사업가, 어울리지 않는 말처럼 들릴 텐데요. 그만큼 조선은 상공업과 거리가 멀었기 때문입니다.

자수성가 사업가, 조선 시대의 CEO 거상 김만덕 회장님을 소개합니다!

김만덕　안녕하세요. 제주 사투리로 말하고 싶지만, 그러면 구독자 여러분이 못 알아들으실 테니 표준어로 하겠습니다. 김만덕입니다.

충고　제주에서는 여전히 회장님을 기리고 있는데요. 김만덕 기념관을 만들고, 김만덕상까지 제정해서 매년 시상하고 있다고 합니다. 제주 시내 한복판에는 회장님이 운영하셨던 객주도 복원되었어요. 객주는 지금에서 보면 유통 중심의 주식회사라고 할 수 있죠.

오늘날까지 많은 사람이 회장님을 기억하고 있는데 소감이 어떠신가요?

김만덕　훌륭한 책을 남기지도 않았고, 장군으로 활약하며 나라를 지키지도 않았는데 이렇게 기억해 줘서 고맙죠.

1792년(정조 16)부터 4년 동안 제주도에 심각한 흉년이 들어서 많은 백성이 굶어 죽었어요. 그때 육지에서 쌀을 사다가 나누어 주었을 뿐인데 지금까지 칭찬을 받으니 머쓱합니다. 부유한 사람으로서 당연히 해야 할 일을 했을 뿐이에요. 저를 지금도 기억한다는 것은 솔직히 안타까운 일이라고 생각합니다. 사회가 힘들 때마다 자신의 재산을 선뜻 기부하는 부자가 많았다면 저를 기억할 필요가 없었겠죠.

제가 객주를 운영하면서 유통하는 물건을 도민들이 많이 사준 덕분에 돈을 모을 수 있었어요. 그러니 그 수익은 어려운 시기에 도민들과 당연히 나누어야 했습니다.

조선 시대
노비제

충고　김만덕 회장님은 겸손함까지 갖추셨네요. 본격적으로
인터뷰를 시작하겠습니다. 회장님은 기생 출신으로 알려져
있습니다. 어린 시절을 어떻게 보내셨나요?

김만덕　조선 시대에는 신분을 크게 '양인'과 '천인'으로 구분했습니다.
그러다가 점차 양인을 문반과 무반을 의미하는 '양반', 역관과
서리 등의 '중인', 농민과 상인 등을 비롯한 보통 백성을 뜻하는
'상민'으로 나누었어요. 천인은 '천민'으로, 노비와 기생, 백정 등
일곱 부류가 있죠.
저는 양인의 딸로 태어났어요. 열두 살에 전염병으로 부모님을
모두 잃고 친척집에서 살다가 기생 출신 아주머니 집에
수양딸로 들어갔습니다. 그곳에서 춤과 노래 등을 익혀 관청
기적에 오르면서 기생이 되었어요. 먹고살기 위한 유일한
선택지였죠.

충고　기생이 된 데에는 사연이 있었네요. 그런데 기적이 뭐죠?

김만덕　기적은 관청에 속한 기생인 관기들의 명부, 호적 같은 거예요.
기생은 관청 행사에 가서 노래를 부르고 춤도 추고, 사또나

관청에 온 손님들의 수청도 들어요.

관기도 결혼을 할 수 있지만 관청에서 부르면 행사에 가야

합니다. 또한 기생이 딸을 낳으면 그 딸도 기적에 올라 기녀가

됩니다. 참 잔인한 제도죠.

관기 말고도 천민 중에는 관청에서 일하는 관노, 양반 집에서

일하는 사노비가 많았는데요. 그 당시 전체 인구 열 명 중 네

명이 노비일 정도였죠. 놀랍지 않나요?

노비 수는 이렇게 많은데, 노비는 군역을 맡지 않고 세금도

내지 않았습니다. 노비뿐만이 아닙니다. 양반도 군역과

납세의 의무가 없었어요. 그러니 조선은 경제적으로 허약했죠.

양반들의 그런 태도는 지금까지 이어지는 듯해요. 일부

부유층과 권력층이 자녀를 군대에 보내지 않으려고 여러

불법을 저질러서 한동안 사회 문제로 떠올랐잖아요.

충고　　신분제에서 양반과 노비는 긴밀하게 연결되어 있군요.

김만덕　양반들은 노비제 덕분에 살아갈 수 있었어요. 양반들의 평생

소원은 과거에 급제해 이름을 알리는 입신양명이니, 공부에

집중하려면 농사는 노비가 지어야 했습니다.

노비제에는 부모 중 한 명이 천민이면 자녀는 무조건 천민이

된다는 '일천즉천'이라는 원칙이 있었습니다. 노비 수가

늘어나는데 노비는 세금을 내지 않으니 국가 재정은 갈수록

어려워졌어요.

충고 일천즉천이라, 쉽게 이해가 안 되네요. 노비제에 대해 좀 더 자세히 설명해 주세요.

김만덕 양반 여성과 천민 남성은 결혼할 수 없지만, 천민 남성과 양인(평민) 여성은 결혼할 수 있었어요. 그 둘 사이에서 낳은 자식은 일천즉천에 따라 천민이 됩니다.

양반들은 가난한 양인을 억압해서 천민 남성과 양인 여성을 결혼하게 했어요. 그렇게 노비 수를 늘렸죠. 조선 후기에는 노비제에 여러 변화가 생기지만, 기본적으로 노비제는 양반에게 유리했습니다.

충고 노비는 대대손손 노비가 되겠군요. 들을수록 무시무시한 법이네요. 조선 시대 신분제를 이야기하다 보면 '서얼'이라는 말도 자주 나오잖아요. 서얼은 무엇인가요?

김만덕 홍길동, 성춘향이 잘 알려진 서얼이에요. 양반의 정실부인이 낳은 자녀는 적자, 적녀라고 합니다. 양인(평민) 첩이 자녀를 낳으면 서자, 서녀가 됩니다. 첩이 천민인 노비나 기생이라면 그 자녀는 얼자, 얼녀가 됩니다.

서자와 얼자를 아울러 서얼이라고 하죠. 흔히 홍길동을 서자로 오해하는데 얼자가 맞아요.

대부분의 서얼은 아버지를 아버지라고 부르지 못하는, 즉 호부호형을 못하는 신분인 셈입니다. 아버지의 재산을 물려받지 못해 가난하게 살아간 서얼도 많아요. 간혹 아버지가 재산을 주려고 해도 정실부인과 적자 들이 반대하죠.

예상했겠지만 서얼은 과거도 볼 수 없었습니다. 양반들도 평생 합격하기 어려운 과거에 서자와 얼자까지 끼면 경쟁이 더욱 치열해지니까요. 애초에 시도조차 못 하게 한 겁니다.

또한 정실부인이 낳은 아들인 적자가 없어도 서얼에게는 제사를 맡기지 않았어요. 심지어 아버지 제삿날에도 참석하지 못했습니다. 대신 아들도 아닌 조카를 양자로 삼아 제사를 지내게 하고 재산을 물려줬습니다.

왕실에도 서자는 존재했어요. 놀라운 점은 왕실에서는 어머니의 출신과 상관없이 서자도 왕이 될 수 있었습니다. 후손이 귀하기 때문이었죠.

영조의 어머니는 무수리 출신인데요. 만약 영조가 양반 아버지 밑에서 태어났다면 어떤 대접을 받았을까요? 평생 신분의 한계를 느끼며 무기력하게 살았을지 모릅니다.

기생의 삶

충고   천민 중에서도 기생의 삶은 여러모로 달랐을 것 같아요. 조금 더 이야기해 주세요.

김만덕   관기는 나이가 많이 들면 인기가 없어져서 먹고살기가

어려워집니다. 그래서 나이가 들기 전에 양반의 첩인 소실로
들어가 살아가죠. 그것도 쉽지는 않았어요. 정실부인에게
학대당하다가 죽는 일도 숱했어요.

양반의 첩이 되어 자식을 낳아도, 그 자식은 서얼이니
부딪히는 벽이 많았습니다. 과거도 볼 수 없고, 집안에서
재산도 물려주지 않아 빈곤했어요.

조선 후기의 실학자 이덕무, 박제가 등도 서자 출신이라
가난에 시달렸어요. 만약 그들이 과거에 급제해 나라의
중요한 일을 맡았다면 조선의 운명은 많이 달라졌을 겁니다.
기득권층이 부와 권력을 나누지 않고 독점하면 유능한
인재들은 좌절하고, 사회는 쇠퇴하는 길을 걷게 됩니다.

이처럼 태어날 때부터 정해지는 신분을 벗어나기 힘들다는
점이 조선 사회의 문제였어요.

요즘 청년들이 말하는 금수저, 흙수저와 비슷하죠? 부모의
경제력과 인맥, 가정환경 등이 자녀의 대학 진학과 직업
선택에 크게 작용하니까요.

충고 오늘날 우리 사회를 다시 돌아봐야 할 것 같습니다. 그럼
김만덕 회장님은 어떻게 해서 관기에서 벗어났나요?

김만덕 관기로서 인정받았으니 양반의 첩이 되어야 했어요. 조선 시대
천민 여성에게 선택권은 없었으니까요. 하지만 정해진 삶을
살기 싫어서 관기에서 벗어나려고 시도했습니다.

먼저 기적에서 이름을 지워야 했는데, 양인 출신이라는 것을
증명하기가 쉽지 않았어요. 지금처럼 호적 기록이 명확하지
않았던 때였으니까요. 다행히 원래 신분을 증명해 줄 사람을
수소문해서 겨우 관기의 삶에서 빠져나올 수 있었습니다.

진상은
정말 진상!

충고   당시 제주도는 어땠나요?

김만덕   제주는 화산섬이잖아요. 논을 만들기 어려워서 벼농사를 짓지
못했어요. 쌀 구하기가 어려웠죠. 지금도 제주에서는 감자,
보리, 고구마 농사를 많이 합니다.

특히 제주도는 열심히 농사를 지어도 태풍이 휩쓸고 지나가면
망치기 일쑤이고, 바다에 배를 타고 나간 남자들은 고기를
잡다가 많이 죽었어요. 일본 해적들이 쳐들어와서 약탈하는
등 도민들을 괴롭힐 때도 있었죠. 생활이 궁핍할 수밖에
없었습니다. 이런 와중에 진상품까지 마련해야 하니 도민들의
원성이 자자했어요.

충고   당시 제주도민들의 고난이 엄청났겠네요. 그런데 진상품이
무엇인가요?

김만덕   조선 시대 조세 제도를 먼저 설명해야겠네요. 조선은 세금을

세 가지로 나누어 거둬들였습니다. 땅에 부과하는 세금인
'전세', 군대에 가거나 국가에 무상으로 제공하는 노동력인
'군역', 그리고 지역 특산품을 바치는 '공납'이 있었어요.
공납은 '진상'이라고도 하는데, 그 지역 특산품을 한양으로
보내는 겁니다.
제주도는 귤, 전복, 참돔을 비롯해 여러 진상품을 보냈어요.
그때 귤은 지금 귤과는 다르게 유자와 비슷했어요. 지금
우리가 흔히 먹는 귤은 온주 밀감입니다. 중국 남쪽 온주에서
나온 종자인데, 1970년대 이후 본격적으로 재배했어요.

충고　제주도의 특산품이라면 재배하기도 쉬울 텐데, 왜 귤을
진상하기가 어려웠나요?

김만덕　그때 귤이 얼마나 귀했냐면 평생 못 먹고 죽은 사람이
대부분이었어요. 임금님이 성균관에서 백일장을 열고 장원한
유생에게 부상으로 귤을 내릴 정도였죠.
제주도에서 귤을 진상하는 과정은 이렇습니다.
봄이 되면 관원들이 귤나무가 있는 집마다 찾아가 나무에 꽃이
몇 개나 피었는지 확인합니다. 그리고 꽃 개수만큼 겨울에
귤을 수확해서 진상을 하라고 해요.
하지만 수확 전에 태풍이 불면 귤이 떨어질 수도 있잖아요.
새가 귤을 쪼아 먹을 수도 있고요. 내야 할 귤은 정해져 있는데
개수가 부족하면 어떻게 할까요?

귤을 사서라도 마련해야 했어요. 그래서 도민들은 애초에 귤나무에 소금을 뿌리거나 뜨거운 물을 부어 말라 죽게 했어요. 진상은 요즘 말로 정말 진상이죠?

또 진상품으로 귤 100개를 한양에 보낸다고 하면 제주도에서는 귤을 200개 이상 준비해야 했습니다. 당시에는 지금처럼 당일에 도착하는 택배가 없었으니까요. 제주도에서 한양까지 배로 운반하는 데 시간이 오래 걸리다 보니 그사이에 귤이 썩기 때문이었죠.

관원들이 중간에서 진상품을 빼돌리는 비리도 흔했어요. 진상품을 배에 싣고 한양으로 가다가 배가 침몰했다고 거짓말을 했는데, 침몰한 배를 찾을 수 없어 가능한 일이었습니다.

이러한 폐단을 없애고 백성을 구제하겠다는 목적에서 조선 중기에 대동법을 시행했어요. 백성에게 화폐와 같은 쌀이나 옷감으로 세금을 내게 하고, 관청에서는 그것으로 상인들한테서 진상품을 구입했습니다. 덕분에 상업이 활발해졌죠.

충고 요즘은 다들 제주도에서 살고 싶어 하는데, 그때 제주의 삶은 힐링과는 거리가 멀어 보이네요. 정말 힘들었을 것 같아요. 도망치는 사람도 많았죠?

김만덕 틈만 나면 도망치려 했어요. 그래서 제주에 출륙금지령을 내립니다. 제주도민이 육지로 나가 살 수 없게끔 제주에서 배를 타고 나가려면 관청의 허가를 받게 했어요. 여성은 다른 지역 남성과 결혼하지 못하게 법으로 금지했습니다. 또한 배를 타고 먼바다로 도망칠 수 없도록 고기잡이를 할 때는 작은 배인 테우를 쓰게 했어요. 테우는 원래 가까운 바다에서 낚시질이나 해초를 채취할 때 쓰는 통나무 배예요. 바다는 험한데 배가 작고 시원찮으니 고기를 잡다가 목숨을 많이 잃었죠. 제주도민의 삶은 참 가혹했습니다.

장사라는
새로운 길

충고　척박한 제주에서 김만덕 회장님이 찾은 일은 무엇인가요?

김만덕　때는 조선 후기였어요. 신분제가 조금씩 흔들렸고 상공업으로 돈을 버는 사람들이 생겨났어요. 그래서 저도 장사를 시작합니다. 그동안 모은 돈으로 제주의 관문인 건입 포구에 객주를 차렸어요. 건입 포구는 제주와 육지를 잇는 배가 오고 가는 중요한 지역이었죠.

충고　어쩌다 장사를 하겠다고 마음먹었나요?

김만덕　기생으로 지내는 동안 관리들, 한양에서 온 양반들과 교류하면서 세상 보는 안목을 키웠어요. 덕분에 그때 어떤 물건이 인기가 있고 앞으로는 어떻게 변해 갈지 파악할 수 있었죠. 실제로 겪으며 배우고 깨달은 것입니다. 그래서 교과서에서 배울 수 없는 현장 경험이 중요해요.

제가 기생이 아닌 양반집 여성이었다면 새로운 일을 하겠다는 생각은 하지 못했을 겁니다. 도전하는 힘은 기득권층보다 약자, 변방에서 나올 때가 많으니까요.

충고   여성이 할 수 있는 일이 별로 없을 때에 객주를 운영하셨다니 놀랍습니다. 객주는 어떤 곳인지 자세히 설명해 주세요.

김만덕   유통 업체라고 할까요? 다른 지역의 쌀, 무명, 소금 등을 도매로 사서 도민들에게 파는 곳입니다. 또한 전복, 갓, 약재 등 제주에서 나는 좋은 물건을 다른 지역에 가져가 제값에 팔아 도민들에게 도움을 주었어요. 다른 지역 상인들에게 넘기면 도민들이 얻는 이익이 줄어드니까요.

도매상인들이 역할을 잘해야 생산자에게도 이득이 되고 소비자도 좋은 물건을 싸게 살 수 있습니다. 유통의 중요성이죠. 객주에는 숙박 시설도 있어서 다른 지역에서 온 상인들의 거처로도 쓰였답니다.

충고   당시 조선에서는 왜 상업의 중요성을 인정하지 않았을까요?

김만덕   신분제가 흔들리기 때문이죠. 상업을 하면 사람들이 물건을 팔기 위해 지역을 이동하는데, 그러다 보면 신분을 파악하기 어려워집니다. 한 지역에서 대대손손 살아야 그곳에 사는 사람이 노비인지 양인인지 정확히 알 수 있으니까요.

또한 노비들이 도망치지 않는 이유는 다른 지역으로 가도 먹고살기 힘들기 때문입니다. 노비는 농사지을 땅이 없잖아요. 땅은 지금도 그렇지만 예전에는 목숨과도 같은 생산 수단이었어요.

상공업이 발달한 사회에서 장사 수완이 좋고, 기술이 있는 사람은 물건을 만들어 팔아 큰돈을 벌 수 있습니다. 그런 사람이 많아지면 자연히 양반의 권력은 약해지겠죠. 양반들은 바로 이런 상황을 염려했어요. 상인들이 자신들의 권력을 탐내리라고 생각한 거예요. 제가 살아 있던 1789년에 일어난 프랑스 대혁명도 그렇게 해서 벌어진 일입니다.

상공업, 무역의 중요성

충고   그런 이유에서 상공업 발전을 가로막았군요. 그런데 상공업을 키우는 일이 그렇게 중요한가요?

김만덕   나라에서 상공업 발전을 지지했다면 조선 사회는 많이 달라졌을 겁니다. 신분제는 일찍이 흔들리고 여성의 삶도 변화를 맞이 했겠죠. 그런 사회에서 저처럼 장사에 소질이 있으면 힘을 키울 수 있어요. 다른 나라와 무역을 하면 세상의 흐름도 파악하게 됩니다.

삼면이 바다인 조선에 외국과 교류할 항구가 없다니, 참 안타깝습니다. 고려 시대에는 수도인 개성 옆에 벽란도 국제 무역항이 있었어요. 신라 시대에도 울산항을 통해 아랍 상인들이 드나들었습니다.

그런데 조선은 외국과의 교류가 별로 없었어요. 그 무렵에 바닷길을 선점한 나라들은 승승장구했는데, 조선은 중국만 바라보느라 바닷길을 개척하지 않았어요. 그러다 보니 국제 정세를 파악하는 데 느렸고, 수익을 만들어 낼 길도 없었습니다.

조선의 지배층은 오로지 권력 유지를 위해 과거 급제에만 목을 맸어요. 과거 급제가 유일한 출셋길라 여기며 상공업은 업신여겼습니다. 상인을 장사치라고도 부르는데, 무시가 담긴 말이죠.

충고 만약 지금까지 상공업이 발전하지 못했다면 어떻게 되었을까요?

김만덕 농업 국가로 남지 않았을까요? 지역마다 대지주가 땅을 차지하고 있으니 땅이 없고, 일자리를 구하기 어려운 국민들은 어쩔 수 없이 소작농으로 먹고살겠죠.

소작농은 가난할 수밖에 없어요. 열심히 일해도 번 돈의 대부분을 소작료로 바쳐야 하니까요. 가난이 계속되면 꿈을

꾸는 것마저 사치가 되어 저축도 하지 않게 되죠.

가난의 악순환입니다.

대지주는 더 부유해지고 가난한 사람은 더 빈곤해지는

양극화가 심각해집니다. 이것이 경제적으로 어려운 나라의

국민의 삶이에요.

반대로 상공업이 발달하면 어떻게 될까요? 일자리가 많아져서

농업의 생산 수단인 땅이 없어도 돈을 벌 수 있습니다.

요즘 시대에 청소년이 꿈이 창업이라 대학에 가지 않고

바로 일을 배우겠다고 하면 부모님이 뭐라고 할까요?

많은 부모님이 의사, 변호사, 공무원 같은 안정적인 직업을

원합니다. 그러다 보니 명문대 진학이 가장 좋은 길이라고

맹신하죠. 조선 시대에 과거 급제가 출셋길이었던 것처럼요.

장사의
성공 비법

충고   오늘날 학교 교육에도 문제가 있을까요?

김만덕 학교에서는 국어, 영어, 수학을 주요 과목으로 가르치잖아요.

특히 수학의 중요성을 강조하는데, 수학과 관련된 경제 교육은

미흡합니다. 그 결과 어떤 문제가 생겼을까요?

예를 들어 볼게요. 어떤 대학생들한테 은행에서 100만 원을

빌려주면서 하루 이자가 500원이라고 홍보했다고 합시다.
학생들은 이자가 싸다며 100만 원을 대출받아요.
그런데 이 대학생들, 이율이 얼마인지는 몰라요! 연이율
18퍼센트의 고금리 대출인데 말이죠.

대학에 입학하자마자 독립하는 학생이 많은데요. 전월세
계약을 어떻게 하는지 교육받지 않은 탓에 전세금을 날리는
일도 흔히 생깁니다. 모두 현실과 괴리된 교육이 불러일으킨
결과예요.

교육은 현실과 밀착되어야 배우는 재미도 있고, 다양한 꿈도
꾸게 합니다. 입시 위주인 우리나라 학교 교육이 안타까울
따름입니다. 수능 준비에만 시간을 쓰니 다른 꿈을 꿀 기회가
없잖아요.

학교 성적이 나쁘면 실패한 사람 취급을 하는데, 모르는
일입니다. 훗날 창업을 해서 성공할지 누가 알아요? 너무
일찍 실패자라고 낙인찍는 사회, 참 문제입니다. 스무 살에
스스로를 루저라고 생각하게 하는 사회에는 희망이 없습니다.

충고　대학에 가지 않아도 자유롭게 꿈을 꿀 수 있는 사회가
되어야겠군요.

김만덕 회장님은 어떻게 장사로 성공하셨나요? 요즘 창업하고
싶어 하는 사람이 많아요. 직장인과 대학생 열 명 중 여덟 명이
창업에 도전하고 싶다고 할 정도입니다. 그들에게 도움이 될

만한 노하우, 영업 비밀 좀 알려 주세요.

김만덕 저는 가만히 앉아서 물건이 팔리기만을 기다리지 않았어요.
양반들의 필수품인 갓 아시죠? 제주 조랑말 꼬리털로 만든
말총갓이 가벼워서 전국에서 인기였어요.
저는 이런 제주 특산품들을 배에 싣고 육지에 가져가
팔았습니다. 직접 판매하다 보니 유통비를 아낄 수 있는
데다가 생산자에게도 돈을 더 많이 줄 수 있었죠.

조선의
노블레스 오블리주

충고 김만덕 회장님께서는 전 재산을 기부해 제주도민을 살리셨죠.
어떻게 그런 큰 결정을 하셨나요?

김만덕 1794년(정조 18) 갑인년에 거대한 태풍이 제주도를 덮쳤어요.
추수를 앞둔 시기였는데 태풍으로 농사를 망치면서
먹을거리를 구하기 힘들어졌습니다. 그때 기근이 몇 년 동안
이어지면서 제주도민 3분의 1이 죽었어요. 엎친 데 덮친
격으로 재난당한 제주도민을 돕기 위해 전라도에서 구휼미를
싣고 오던 배는 풍랑에 휩쓸려 침몰하고 말았죠.
그 모습을 지켜보기만 할 수 없어서 다른 지역에서 쌀을 사
와서 관아에 바친 겁니다.

공부? 다른 길도 많습니다 김만덕

충고 노블레스 오블리주를 실천하셨네요. 김만덕 회장님보다 적은 양의 곡식을 기부한 사람도 현감이 되었다고 하는데, 회장님은 어떤 보상을 받으셨나요?

김만덕 애초에 보상받고자 한 일이 아니라 관심도 없었는데, 이야기를 전해 들은 임금님이 제게 소원을 물으셨어요. 제가 한양과 금강산을 구경하고 싶다고 하니 흔쾌히 들어주셨습니다.

기부 아니라
사회 환원

충고 사람들은 부자가 되고 싶어 합니다. 그런데 우리나라에서 부자는 존경받기 힘들어요. 왜 그럴까요?

김만덕 부자는 사회가 만듭니다. 물론 본인의 노력도 있겠지만요. 저 또한 물건을 사준 사람들이 있었기에 돈을 벌었습니다. 열심히 일한 노동자들의 도움도 크죠.
이런 생각이 바탕이 되면 부자들은 당연히 재산의 일부를 사회에 환원해야 합니다. 베푼다는 개념이 아니에요. 국민들 덕분에 돈을 벌었으니 그 일부를 돌려주는 거예요.
그런데 어떤 재벌 후손들은 선대로부터 재산을 물려받은 탓에 그 재산이 사회의 도움으로 형성되었다는 생각을 하지 못합니다. 어떻게 하면 상속세를 내지 않을까 궁리할 뿐이죠.

부자들이 사회 환원도 하고 특권의식 없이 모범을 보였다면
저를 기억하는 사람은 없었을 겁니다.
사회가 건강해지려면 정치인과 기업인 들이 어떻게
행동하는지 국민들이 똑똑히 지켜봐야 합니다.

충고 조선 사회를 살펴보며 우리 시대를 되돌아볼 수 있는
시간이었습니다. 학교 공부 말고도 다른 길이 있다는
김만덕 회장님의 소중한 말씀, 청소년에게 큰 도움이 되리라
생각합니다.
요즘은 아르바이트를 하면서 일찍이 세상을 경험하는
청소년이 많죠. 대학 진학 대신 창업을 고민하기도 하고요.
그래서인지 질문이 참 많습니다.

Q&A
: 그것에 답해 드림

1인1답 아르바이트를 할 때마다 사장님들이 제게 장사하면
잘하겠다고 칭찬하십니다. 오래 고민했는데 제 생각도 같아요.
대학에 안 가고 바로 일을 하다가 나중에 창업하고 싶습니다.
문제는 부모님이 반대한다는 겁니다. 어떻게 부모님을
설득하면 좋을까요?

김만덕 1인1닭 님, 축하해요. 본인의 뜻이 확고하다면 일찍 길을 찾은 셈입니다. 우리나라 청소년은 경험의 폭이 좁아서 자신이 무엇을 좋아하는지 알기 어려워요. 대학을 졸업하고 재능을 찾는 사람도 많지만 죽을 때까지 모르는 사람도 있죠. 부모님에게 대학 등록금을 비롯해 학교를 다니는 동안 드는 돈과 취업률 등을 분석해서 보여 주세요. 또한 미래에 어떤 계획 아래 창업할 생각인지를 기획서로 작성해서 의지를 증명해 보이세요. 왜 대학에 가고 싶지 않은지도 말씀드리세요. 부모님도 설득하지 못하면 자영업으로 성공하기 힘들어요. 응원합니다!

백종원 워너비 대기업에서 오래 일한 아빠가 퇴직하고 퇴직금과 대출금으로 식당을 차린다고 하십니다. 저희 집의 운명이 걸린 일이라서 가족들 걱정이 이만저만이 아닌데요. 아빠는 자신감도 넘치고 의지가 강해서 말릴 수가 없습니다. 자영업 경험이 없는 아빠가 식당을 잘 운영할 수 있을까요?

김만덕 많은 사람이 자영업을 만만하게 생각하는데, 실제로는 결코 쉽지 않습니다. 예상보다 돈이 많이 들어가는 데다가 직원들도 관리하고, 진상 손님도 상대해야 해요. 거기에 세금 정산, 가게 홍보, 그리고 식당이면 식재료 관리까지 신경 쓸 일이 정말 많습니다. 요즘은 배달 앱에 올라오는 소비자 평점 때문에 스트레스를 받는다며 우울감을 호소하는 자영업자도 많아요.

특히 우리나라는 다른 나라보다 자영업 비율이 엄청 높아요. 가게가 많다 보니 이득 내기는 더욱 어렵죠. 경험 없이 창업하면 대부분 망합니다.

적어도 1년 정도는 준비하는 업종의 다른 가게에서 일하며 기술과 노하우를 익혀야 합니다. 장사는 책으로 배우는 게 아니에요.

장사로 돈 벌기 쉽다고 생각하는 사람이 너무 많아요. 꿈같은 이야기입니다. 소비자는 쉽게 지갑을 열지 않습니다.

집에서 텔레비전으로 보는 드라마는 재미가 없어도 좋아하는 배우가 나오면 돈이 들지 않으니 보겠지만, 영화는 내가 좋아하는 배우가 나와도 재미가 없으면 안 봅니다. 영화 관람료, 팝콘 값, 영화관까지 가는 교통비가 드니까요.

그렇다면 어떻게 창업 준비를 해야 할까요? 주변에 있는 가게들을 보면서 왜 성공했는지, 왜 망했는지 냉정하게 분석해야 합니다. 특히 실패한 가게를 분석하면 도움이 정말 많이 됩니다. 성공보다는 실패할 확률이 더 높기 때문이죠. 먼저 실패하지 않는 방법을 알아야 합니다.

우리 사회는 실패를 언급하면 부정적이라고 핀잔을 주지만, 성공 사례에 앞서 실패 사례에 접근해야 창업 실패율을 낮출 수 있어요. 그다음 성공 사례를 살펴보며 자신만의 강점을 만들면 좋겠죠?

마지막으로 장사로 성공하려면 꼼꼼해야 합니다. 성격은
친근하면 좋아요. 손님이 왔는데 주인 표정이 어둡고 안내도
잘 해주지 않으면 다시는 그 기계에 안 가겠죠? 엄청난
맛집이라면 또 모르죠.
창업 전에 백종원 워너비 님 아버지께서 경험을 많이 하셨으면
좋겠습니다. 꼭 말씀드리세요.

김만덕이
유명인이 된 이유

옛날부터 금강산은 아름답기로 유명했다고 해. 북한에 있어서 지금은 가볼 수 없으니 참 아쉬워.

정조는 제주도민을 살린 거상 김만덕을 칭찬하며 소원을 물었는데, 김만덕은 한양과 금강산에 가고 싶다고 했어. 다른 양반이었다면 높은 관직을 달라고 했겠지?

당시 제주는 출륙금지령이 내려져 있어서 자유롭게 육지로 나갈 수 없었고, 더욱이 벼슬 없는 양인 여성이 한양에 있는 궁궐에 가서 임금님을 만날 수는 없었어. 그래서 정조는 김만덕에게 의녀반수라는 벼슬을 내렸지. 의녀반수는 여자가 받을 수 있는 최고 벼슬이었어.

김만덕은 그렇게 한양을 구경하고, 금강산 여행까지 다녀왔어! 더 넓은 세상을 구경하고, 많은 사람을 만나고 싶었을 텐데 소원을 이루게 된 거야.

당시 김만덕이 한양에 도착하자 사람들이 김만덕을 만나려고 줄을 섰다고 해. 그 정도로 인기가 많았대. 유명한 학자와 정치인 들은 김만덕을 칭찬하는 글도 남겼어.

> "귤밭 깊은 숲속에 태어난 여자의 몸/ 의기도 드높아 주린 백성 없었네/ 벼슬은 줄 수 없어 소원을 물으니/ 일만이천봉 금강산 보고 싶다네."

실학자 초정 박제가가 김만덕의 선행을 높이 평가하며 쓴 시야.

> "1795년(정조 19), 탐라에 큰 기근이 들어, 백성들이 서로를 베고 누워 죽었다. 임금께서 배에 곡식을 싣고 가 그들을 먹이라고 명했다.
> 이때 만덕은 천금을 내어 육지에서 쌀을 사와 이를 나누어 주었다. 사람들은 만덕의 은혜를 칭송하며, 모두가 '우리를 살린 자는 만덕이다'라고 했다."

정조 때 영의정까지 지냈던 명재상 채제공은 《만덕전》을 써서 김만덕의 정신을 세상에 널리 알렸지.

1840년 제주에 유배 온 추사 김정희는 만덕의 아름다운 삶을 전해 듣고는 '은광연세(恩光衍世)'라는 편액(문 위에 거는 액자)을 후손에게 선물해. 은광연세가 무슨 뜻이냐고? '은혜로운 빛으로 세상이 물들다'라는 의미야.

그때나 지금이나 이렇게 많은 사람이 김만덕의 삶을 주목한 까닭은, 돈이 많아도 선행을 베풀기 어렵기 때문이겠지?

경제 양극화가 심해지는 요즘, 김만덕의 자세를 기업인과 정치인을 비롯해 많은 사람이 본받아 은혜로운 빛이 우리 사회를 물들이면 좋겠어!

이순신

"예민한 성격이 무기였어요"

1545년(인종 1) ~ 1598년(선조 31)

임진왜란이 발발하기 1년 전부터 전쟁을 철저히 준비하고, 거북선을
본격적으로 건조했다. 임진왜란 때 수군을 이끌고 왜군을 격파하며
한산도 대첩, 명량 해전, 노량 해전에서 대승을 거두었다. 특히 전쟁
기간의 고뇌를 《난중일기》에 담아 지금도 우리에게 큰 감동을 준다.

한국인에게 가장 존경하는 위인이 누구냐고 물으면 아마도 1위는 이
분이 하지 않을까요? 반박할 사람은 거의 없을 겁니다. 그만큼 국민에게
꾸준히 사랑받는 분입니다. 힌트를 드릴게요. 이분을 주인공으로 한
소설, 영화, 드라마가 엄청난 인기를 끌었어요.

맞습니다. 대한민국을 상징하는 광화문 광장에 위풍당당하게 서 있는
이순신 장군입니다. 이순신 장군 하면 떠오르는 것들이 있죠.
거북선과《난중일기》인데요. 거북선이 어떻게 생겼는지는 많이들
아시겠지만,《난중일기》를 제대로 읽어 본 사람은 많지 않을 겁니다.
오늘은 이순신 장군님을 모시고《난중일기》를 왜 썼는지 그 사연을
들어 보려 합니다.

이순신   안녕하세요. 초대해 주셔서 감사합니다.

            사람들이 저를 24시간이 부족할 만큼 나라 생각만 하는 용감한 사람으로 기억하는데요. 솔직히 말하면 부담스럽습니다. 저도 인간이라서 슬플 때도 있고 두렵기도 하고 누군가를 원망하기도 합니다. 또 실수도 하죠.

            그런데 역사는 저를 영웅, 위인, 완벽한 사람으로만 그려 냅니다. 인간미가 없죠. 우리나라 사람들이 위인전 읽기를 좋아하지 않는 이유는 이 때문이 아닐까요? 역사 인물과 독자가 함께 호흡할 만한 접점이 없잖아요.

충고   무슨 말씀인지 알겠습니다. 위인전에 나오는 인물들은 태어날 때부터 훌륭한 사람 같아 보이죠. 하지만 독자들은 인물들이 힘든 상황을 견디고 도전하는 모습에서 감동받습니다. 나아가 자신을 투영하고 용기를 얻습니다.

이순신   그래서 오늘 이 자리에서는 구국의 영웅 이순신이 아닌 인간 이순신의 모습을 보여 주고 싶습니다.

일기 쓰는 밤

충고   먼저 《난중일기》는 임진왜란이 일어난 1592년 임진년 1월부터 노량 해전에서 전사하기 이틀 전인 1598년 11월 17일까지의 일기입니다. 총 일곱 권이고, 2,539일의 기록이며 약 13만 자라고 하네요.

이순신 《난중일기》라는 이름은 정조 때 저의 유고 전집인 《이충무공전서》를 펴내면서 붙인 거예요. 보통 자기 일기장에 제목을 붙이지는 않죠. 저는 일기장에 '임진일기', '무술일기'처럼 일기를 쓴 해의 이름을 적어 놓았을 뿐입니다.

충고 치열한 전쟁 중에 일기를 쓰셨어요. 한 줄만 남긴 날도 꽤 있던데, 그런 날은 어떤 기분이셨을지 궁금합니다.

이순신 일기를 쓰려다 문득, 내일 왜군을 물리치러 바다에 나갔다가 돌아오지 못하면 오늘 기록이 마지막이 되겠다는 생각이 들었어요. 그래서 한 줄이라도 기록하려고 애썼습니다.

충고 삶과 죽음의 갈림길에 섰던 장군님의 마음이 고스란히 전해집니다.

이순신 장군님은 지금도 한국의 대표 위인으로 존경받고 있는데요. 임진왜란 때 세운 업적 덕분이기도 하지만, 전쟁 당시 고뇌를 생생하게 담은 《난중일기》도 큰 영향을 미친 듯합니다. 《난중일기》는 개인의 기록을 넘어 역사의 기록으로 평가받고 있으니까요. 어쩌다가 일기를 쓰셨나요?

이순신 글은 기쁠 때보다 힘들 때 쓴다고 하죠. 저도 마찬가지였습니다. 전쟁 중에는 언제 죽을지 모르니 늘 불안해요. 떨어져 지내는 가족들 걱정도 되고요. 그런 고뇌를 털어놓고 싶어서 일기를

예민한 성격이 무기였어요 이순신

쓴 겁니다.

충고 말씀을 듣고 보니 글쓰기가 힘든 시간을 견디는 데 얼마나
큰 힘이 되는지 알겠어요. 안네 프랑크라는 유대인 소녀도
언제 나치에게 잡힐지 모르는 제2차 세계대전 상황에서
일기를 쓰며 그 시간을 견뎠죠. 백범 김구 선생도 일제에
탄압받으면서 희망을 잃지 않으려고 일기를 썼습니다.
이처럼 일기는 그 사람을 더 깊게 이해하게 하고, 당시를
생생하게 증언하는 역사 기록으로도 인정받습니다. 안네
프랑크가 일기를 쓰지 않았다면 전쟁의 고통을 겪은 열네 살
소녀를 누가 기억하겠어요.

사소한 기록이
역사가 된다

충고 일기 쓰기의 매력은 무엇일까요?

이순신 일기를 쓰는 동안은 자기 내면과 거짓 없이 마주할 수
있습니다. 언젠가 일기가 공개된다고 생각하면 진심을 적지
못할 거예요. 의식하면서 써서 업무 일지처럼 되겠죠.
지금《난중일기》를 보면 너무 솔직하게 써서 부끄러운 부분도
많아요. 하지만 그런 부분에서 많은 분이 공감하고 용기를
얻으리라 생각합니다.

충고   일기는 개인의 사소한 기록이지만, 시대의 모습도 담겨 있어서 역사책으로서도 충분히 가치가 있습니다.《난중일기》에도 임진왜란 당시 상황이 잘 담겨 있어요.

이순신   역사책이라고 하는 책 중에 역사책을 만들겠다는 전제에서 쓴 글은 많지 않습니다. 원래 대부분은 일상적인 기록이었어요. 《조선왕조실록》도 여러 일상적인 기록을 바탕으로 만들어졌는데, 날씨와 옷차림 등 다양한 생활상도 담겨 있어서 조선 시대를 이해하는 데 중요한 자료가 됩니다.

어쩌면 여러분의 일기장도 훗날 역사적인 기록이 될지 모릅니다. 요즘 모바일 메신저를 많이 쓰는데, 이 또한 중요한 기록이 될 수 있어요. 친구와의 대화에서 "오늘 떡볶이 1인분 3,000원에 먹었어"라고 한다면, 이 문장을 보고 미래의 사람들은 2021년 물가를 파악할 수 있을 겁니다.

일기에 담긴 진심

충고   《난중일기》를 보면 아프다는 이야기가 많아요. 코피를 흘리고 배탈이 심해 일을 할 수 없고, 땀을 너무 많이 흘려서 이불이 다 젖었다는 구절도 있습니다.

이순신   제가 원래 체력이 좋은 편이 아닙니다. 전쟁 중이라서 신경 쓸 부분이 아주 많기도 했고요. 몸과 마음이 힘든 상황이라 사실대로 썼습니다.

충고 처음에는 이런 구절이 꽤 많아서 놀랐는데, 읽다 보니 이순신 장군님을 더욱 존경하게 되었습니다. 몸이 안 좋은데도 마음을 다잡고 왜군을 무찌르러 바다로 나가신 거잖아요. 그 모습이 그려지면서 감동받았습니다. 장군님을 본받아 힘들어도 용기를 내어 도전해야겠다는 생각이 들었어요.

《난중일기》 읽기를 어려워하는 분이 많죠? 전쟁 상황뿐 아니라 여러 모습을 폭넓게 다루고 있어 복잡하다고 느끼기 때문일 겁니다. 그런 부분은 미뤄 두고 이순신 장군님이 자신의 몸 상태와 마음가짐을 적은 부분만 집중해 읽어 보세요. 저는 마음이 뜨거워지더군요.

이순신 일기를 써서 다행입니다. 이렇게라도 제 진짜 모습을 알릴 수 있으니까요.

충고 《난중일기》를 보면 장군님께서 며칠 동안 불면증에 시달리고 위장병으로 힘들어하는 모습도 나와요.

이순신 원래 예민한 성격이라서 불면증이 심했습니다. 완벽주의 성향도 있어서 신경 쓰이는 일이 있으면 잠을 잘 이루지 못했죠. 성격이 이렇다 보니 건강도 좋지 않았을 겁니다. 몸과 마음은 연결되어 있다고 하잖아요.

충고 불면증이 심해 모두가 잠든 밤에 홀로 방에 앉아 있었다는 구절을 읽으면서 장군님의 고통을 떠올려 보았습니다.
며칠 동안 제대로 자지 못하고 전쟁을 준비하느라 얼마나
힘드셨을까요. 이런 모습에서 사람들은 장군 이순신이 아니라,
인간 이순신에게 빠져듭니다.

이순신   제가 좀 감수성이 풍부합니다. 잠이 안 오면 혼자 밖에 나가
바다를 보면서 가족을 생각했어요. 어머님 건강이 좋지 않다는
연락을 받은 날은 마음이 쓰여서 일기에 털어놓았습니다.
일기를 쓰면서 위로받았고, 힘을 얻었습니다.

충고   《난중일기》를 보면 아버지를 생각하며 눈물을 흘리기도 하고,
막내아들이 왜군의 손에 죽었다는 소식을 듣고 숨어서 울기도
합니다. 늘 위풍당당해야 하는 삼도수군통제사가 사람들
앞에서 울기 어려웠겠죠.

이순신   '남자는 울면 안 된다.', '남자는 감정을 드러내면 안 된다.' 이런
말이 우리를 억압합니다. 힘들 때는 울거나 누군가에게 마음을
털어놓아야 해소가 되는데 사회가 그것을 못 하게 막았어요.
그런 사회 분위기에서 일기 쓰기는 제 감정을 자유롭게
털어놓는 유일한 통로였습니다.
지금도 마찬가지입니다. 속마음을 솔직하게 이야기하기
힘들어요. 남에게 약해 보이면 안 된다고 생각에 힘들어도
내색하지 않습니다.

충고   장군님 말씀처럼 사회 분위기가 바뀌어야 할 것 같아요.

《난중일기》를 보면 혼자 있는 시간이 참 많아요.

이순신 혼자 있기를 좋아해요. 혼자 있으면 생각에 잠기고, 평소에
보이지 않던 것들이 눈에 들어옵니다. 그리고 자신과 대화하게
됩니다. 늘 다른 사람과 대화만 하다 보면 자신을 돌아볼
겨를이 없어요. 오롯이 혼자였을 때 전쟁 대비부터 부하들의
아픔, 그리고 가족을 생각할 수 있었습니다.

남자다움?
나다움!

충고 《난중일기》에는 장군님이 다친 부하들을 세심하게 챙기는
모습도 나와요.

이순신 그런 성격 덕분에 전쟁도 대비할 수 있었습니다. 임진왜란이
터지기 전 왜군이 쳐들어온다는 소문이 돌았어요. 그래서 전라
좌수사로 부임하고 곧장 전쟁 준비를 했습니다. 그때 나대용
장군의 건의로 거북선을 만들어 전투에 활용했죠.
전쟁에는 나라의 운명과 수많은 군사의 목숨이 달려 있습니다.
그렇기에 세심하게 접근해야 해요. 대책 없이 전쟁에 나섰다면
분명 패했을 겁니다. 무작정 뛰어드는 자세는 대담하지도,
용감하지도 않아요.
세심함을 여성만의 성격이라고 섣불리 규정지으면 안 됩니다.

이제 남자다움, 여자다움이라는 구분은 무의미해요. 성별을
떠나 개인의 성격과 개성, 취향을 인정하는 시대입니다. 여자든
남자든 누구나 세심함을 갖춰야 합니다.

원균도
일기를 남겼다면?

충고   철저한 준비 없이 칠천량 해전에 뛰어들었다가 참패한 원균
장군이 떠오릅니다. 임진왜란과 정유왜란에서 유일하게 패한
해전이었죠.

이순신   참패라는 말로도 부족합니다. 참전한 거의 모든 배가 부서지고
남은 배가 열 척 정도였으니까요. 즉흥적으로 판단해 전쟁을
하면 안 된다는 교훈을 원균이 보여 줬어요. 그 뒤 명량
해전에서 크게 이기지 않았다면 조선은 왜군에 허망하게
무너졌을 겁니다.

충고   《난중일기》에도 원균 장군에 대해 이렇게 남기셨죠.
"하늘과 땅 사이에 원균처럼 흉패하고 망령된 이가 없다."
이런 비판이 여러 번 나옵니다.

이순신   솔직한 제 마음이에요. 만약 원균도 일기를 남겼다면 그에
대한 평가가 달라졌을지도 모르죠. 원균도 그 나름대로 그럴
수밖에 없던 사연이 있을지 누가 알아요. 기록에 따라 평가가

예민한 성격이 무기였어요   이순신

달라지기도 하니까요. 기록의 중요성을 알겠죠?

선조의
콤플렉스

충고   《난중일기》는 정조 때에야 세상에 나옵니다. 그전에는 왜
주목받지 못했을까요?

이순신   저는 전쟁 중에도, 죽은 뒤에도 한동안 제대로 평가받지
못했어요. 당시 임금이었던 선조가 저를 불편한 존재로 여겼기
때문입니다.

임진왜란이 터진 직후 신립 장군이 충주에서 패하자 선조는
한양이 위험하다고 판단했고, 비 내리는 밤에 궁궐을 버리고
급히 개성으로 피신합니다. 군사부일체를 강조하던 임금이
자기만 살겠다고 도망친 겁니다. 분노한 백성들은 경복궁을
불태워 버려요.

이후 선조는 평양을 거쳐 의주까지 갔고, 전쟁이 불리하게
돌아간다 싶으면 명나라 요동으로 도망칠 계획을 세웁니다.
또한 조정을 둘로 나누는 분조를 해 세자인 광해군이
왕 역할을 대신하게 합니다. 왕이 왕이길 포기한 것이나
마찬가지였어요. 그러니 백성들은 의병을 일으켜 나라를
구한 홍의장군 곽재우를 비롯한 의병장들에게 열렬한 찬사를

보내죠.

선조는 전쟁이 끝나고도 나라를 구한 의병장들을 제대로
평가하지 않았어요. 그들의 공을 인정하면 자신의 무능력이
드러나기 때문입니다. 저에 대한 평가도 마찬가지로
이루어지지 않았습니다. 전쟁에서 참패한 원균만
감싸고돌았어요.

시간이 흘러서라도 역사는 올바른 판단을 한다고 믿습니다.
《난중일기》는 그 시간을 앞당겨 주었어요. 제가 남긴 기록이
저를 도운 셈입니다. 돌이켜 보니 섬세하고 예민한 성격은 큰
재산이었어요.

충고 인간 이순신을 발견한 시간이었습니다. 저와는 완전히 다른
세계의 사람이라고 생각했는데, 이제는 옆집 할아버지처럼
친숙함이 느껴지네요. 장군님의 말씀을 듣고 나도 노력하면
지금보다 더 나은 사람이 될 수 있겠구나, 하는 자신감도
생겼습니다.

또 매일 한 줄이라도 일기를 써야겠다고 마음먹었습니다.
시대가 바뀌었으니 유튜브 방송도 일기와 같은 기록이겠네요.
앞으로 매일 기록하고 소통하겠습니다.

청소년 구독자분들이 질문을 많이 남겨 주셨네요. 그러고 보니
이 질문들도 기록이네요!

Q&A
: 그것에 답해 드림

마이 다이어리 일기를 쓰고 싶은데 쓸 이야기가 없어요. 늘 똑같이 학교, 학원, 피시방만 다녀서 기억에 남는 일도 없고, 만나는 사람도 친구, 선생님, 가족 정도라 새로운 일이 없습니다. 쉴 때는 유튜브나 텔레비전만 보고요. 대단하게 즐거운 일도 없지만 그렇다고 눈물이 날 정도로 슬픈 일도 없습니다.

이순신 《난중일기》를 한번 읽어 보세요. 제 일상과 심리 상태에 대한 내용만 집중해 읽다 보면 깨닫게 될 겁니다. 대수롭지 않은 이야기가 많다는 걸요. 일기를 한 줄만 쓴 날도 있어요. 매일 일기를 쓰고 싶을 만큼 큰 사건이 일어나지는 않잖아요.

마이 다이어리 님은 매일 평온하기만 한가요? 하루에도 몇 번씩 기분이 바뀔 겁니다. 마음에 흔들림이 없다면 살아 있지 않은 것이나 마찬가지죠. 친구가 한 사소한 말 한마디에 기분이 상하기도 하잖아요.

만약 기분 상하는 일이 있었다면 그 마음을 일기에 쓰세요. 왜 기분이 상했는지 적다 보면 자신의 내면과 대화할 수 있습니다. 그럼 그때 상황이 객관적으로 보일 거예요. 글쓰기는 무의식과 마주하는 거울이니까요.

일기는 속마음을 편하게 털어놓으며 상처 입은 내면을
위로할 수 있는 나만의 공간입니다. 특히 요즘 사회는 경쟁이
치열하잖아요. 약한 모습을 보이면 안 된다는 강박 때문에
자기 아픔을 살피지 못하는 사람이 많아요. 이럴 때일수록
더 일기를 써야 합니다. 일기를 쓰면서 자기 마음을 돌보고
사랑해야 해요.

시대가 바뀌었으니 일기를 쓰는 방식도 변화합니다. 사진을
찍거나, 휴대전화에 녹음을 하거나, 영상을 찍어 기록할 수도
있죠. 무엇이 되었든 기록하면 나중에 큰 힘이 될 겁니다.

**나 혼자
산다**   저는 혼자 집에 있거나 혼자 산책을 하면서 즐겁고 유익하게
시간을 보내거든요. 그런데 주변에서는 사내 녀석이 혼자
있으면 사회성을 못 기른다고 걱정합니다. 혼자서 시간
보내기를 좋아하는 저, 정말 문제일까요?

이순신   전혀 문제없어요! 예전 우리 사회에서는 혼자 뭔가를 하면
사회 부적응자, 문제가 있는 사람이라고 생각했어요. 식당에서
혼자 밥을 먹으면 이상하게 보기도 했죠. 하지만 요즘은 혼밥,
혼영(영화 보기)등 혼자 하는 것을 아무렇지 않게 받아들여요.
혼자서도 즐겁게 시간을 보낼 수 있다면 정말 좋은 일입니다.
우리 사회가 관계 중심이다 보니 주변에 사람이 많으면
사회성이 뛰어나고 성격이 좋다고 추켜세웠지만 혼자가

자연스러워지는 시대가 되다 보니 이제 그런 분위기도 점차 사라지고 있습니다.

우리 사회는 창의성을 강조합니다. 창의성이란 무언가를 새롭게 만드는 것이 아니라 기존의 것을 새롭게 변형하는 거예요. 창의성을 기르려면 자기만의 시선이 중요한데, 그런 개성 있는 시선은 혼자 시간을 많이 보내야 생겨납니다. 지금처럼 혼자서 책 읽고 영화 보고 음악 듣고 산책하면서 주변 사람들도 관찰하는 시간을 많이 가지세요. 자연스럽게 어떤 일이든 스스로 해결할 수 있는 힘도 길러질 겁니다. 자신의 성격에서 장점을 찾으세요!

임진왜란
들여다보기

1590년(선조 23) 조선은 일본의 요청으로 통신사를 보내. 통신사는 지금으로 치면 외교 사절이야. 통신사를 파견한 데에는 일본 정세를 파악하겠다는 목적도 있었어. 일본을 통일한 도요토미 히데요시가 조선을 침략한다는 소문이 돌고 있었거든.

이듬해 돌아온 통신사의 정사, 쉽게 말해 총책임자인 황윤길은 일본이 전쟁을 준비하고 있다고 보고해. 그런데 반대로 부사 김성일은 일본이 절대 조선을 침략하지 않을 거라고 보고하지. 황윤길의 보고가 민심을 혼란에 빠트린다고 판단한 조선의 조정은 김성일의 보고가 타당하다고 판단했고, 전쟁을 대비하지 않아.

조선의 믿음과 다르게 1592년 4월 13일, 소문대로 왜군 선봉대 1만 8,700여 명이 부산포로 쳐들어오면서 도요토미 히데요시가 일으킨 임진왜란이 시작돼.

왜군은 부산에 상륙한 지 18일 만인 5월 2일에 한양을 점령

해. 도요토미 히데요시가 일본의 전국 시대를 통일한 직후라서 왜군의 사기가 높았어. 조선은 속수무책으로 당할 수밖에 없었지. 그도 그럴 것이 조선은 건국 200년 동안 큰 전쟁을 겪지 않아서 국방에 소홀했던 거야. 또한 왜군의 조총을 조선의 활이 이겨 내기는 무리였어.

왜군의 기세에 놀란 선조는 수도인 한양을 버리고 개성, 평양을 거쳐 의주로 피난을 가. 왕이 도망치자 백성들의 원성이 자자했어. 대신 둘째 아들 광해군이 임시로 세운 조정인 분조를 이끌고 전국을 누비면서 의병 활동을 독려해.

경상도에서는 곽재우가 처음으로 의병을 일으켰고 이어서 58세의 고령인 정인홍이 의병장으로 활약했어. 전라도에서는 고경명, 충청도에서는 조헌, 함경도에서는 정문부 등이 왜군과 맞서 싸웠어. 의병장들도 대단하지만 이름 모를 많은 백성이 자발적으로 나라를 위해 목숨을 바친 거야.

임진왜란 3대 대첩은 한산도 대첩, 행주 대첩, 진주성 대첩이야. 그중 행주 대첩에서는 권율 장군이 1만 여 왜군을 무찔렀지. 그때 권율 장군과 함께 여성들은 행주치마에 돌을 나르며 전투를 승리로 이끌었어.

그 당시 이순신 장군은 무얼 했을까? 수군과 바다로 나가 일본의 보급로를 차단하며 제해권을 장악해서 조선이 이기는

데 크게 기여했어. 한산도 대첩, 명량 해전, 노량 해전 모두 이순신 장군이 이끈 수군이 대승한 전투야.

이처럼 임진왜란은 관군과 백성이 똘똘 뭉친 덕분에 승리할 수 있었고, 그 결과 피폐해진 나라를 다시 일으켜 세울 수 있었어.

다른 이야기인데, 임진왜란 때 왜군이 조선 도공을 많이 잡아갔어. 붙잡혀간 조선 도공들은 일본에서 뛰어난 도자기를 많이 만들었대. 일본은 그 도자기를 유럽에 수출해서 엄청난 부를 쌓았지. 지금도 조선 도공의 후예들은 일본에서 인정받는 도자기를 만들며 한일 문화 교류에 큰 역할을 하고 있어.

정조

"변화하는 세상의 흐름을 잘 보세요"

1752년(영조 28) ~ 1800년(정조 24)

조선 제22대 왕. 어린 시절, 아버지 사도세자의 죽음이 큰 상처로 남았으나 극복하려고 노력하며 백성을 위한 여러 정책을 펼쳤다. 특히 규장각을 설치해 유능한 인재들을 등용했다. 또한 수원에 화성을 건설했고, 시전 상인이 상권을 독점하게 한 금난전권을 폐지해 자유로운 상업 활동을 장려했다.

조선의 왕 스물일곱 명 중 어떤 왕이 성군이라고 생각하나요? 조선
전기는 세종, 조선 후기는 정조가 성군으로 평가받습니다.
사람들은 정조가 10년만 더 살았다면 조선의 운명이 많이 달라졌을
거라고 이야기하는데요. 여러분은 어떻게 생각하세요? 정조가
급작스럽게 세상을 떠나지 않았다면 역사에 변화가 있었을까요?
그 답변을 본인에게 직접 듣고 싶어서 이 자리를 마련했습니다.
이산, 정조대왕님 모시겠습니다.

정조 부족한 저를 좋게 생각해 주셔서 감사하지만, 솔직히 저는
     세종대왕님을 따라갈 만큼 업적을 이룩하지 못했습니다.
     겸손이 아니라 사실입니다. 왜 사실인지 그 이유를 지금부터
     찬찬히 말씀드릴게요.

영조의
콤플렉스

충고   조심스럽지만, 아버지인 사도세자의 죽음에 대해 먼저
　　　　이야기해야 할 것 같아요.

정조   아버지 사도세자의 죽음과 할아버지 영조, 그리고 제 삶은
　　　　모두 긴밀하게 연결되어 있어요.
　　　　먼저 영조 할아버지에게는 엄청난 콤플렉스가 있었죠.
　　　　할아버지의 어머니, 그러니까 제게는 증조할머니인 숙빈
　　　　최씨의 출신 때문이었는데요.
　　　　다들 아시겠지만 숙빈 최씨는 무수리 출신이죠. 무수리는
　　　　궁녀보다 낮은 궁궐 최하 신분입니다. 왕으로서 적장자 출신이
　　　　아니어도 콤플렉스가 심한데, 할아버지는 서자인 데다 과거
　　　　어머니의 신분 때문에 늘 콤플렉스에 시달리셨어요.

충고   적장자 콤플렉스는 앞서 세종대왕님이 설명해 주셔서 쉽게
　　　　이해가 되네요.

정조   할아버지에게 가장 치명적인 콤플렉스는 왕이 된
　　　　과정이었습니다.
　　　　큰할아버지 경종의 어머니는 그 유명한 희빈 장씨,
　　　　장희빈입니다. 경종이 왕위에 있을 때, 아들이 없어서
　　　　노론에서는 영조 할아버지를 왕세제로 지명했어요. 왕세제는

왕의 아들이 태어나지 않으면 훗날 왕위를 물려받을 아우를
말합니다.

결국 영조 할아버지는 왕세제가 되었어요. 그러던 중 경종이
갑자기 세상을 떠나는데, 그 자리에 때마침 할아버지가 있었던
거죠. 실록을 보면 병석에 누워 있는 경종에게 할아버지가
게장과 감을 드렸다는 기록이 있어요. 그런데 그 두 음식은
상극이라서 같이 먹으면 죽을 수도 있다는 겁니다.

경종이 세상을 떠나고 할아버지가 경종을 독살했다는 소문이
돌았고, 할아버지가 왕위에 올랐지만 왕으로 인정하지 않는
이들도 있었어요. 몇 년 후에는 이인좌의 난도 일어납니다.
정권을 탈환하려고 소론 강경파가 일으킨 난이었죠.
이 모든 일은 왕의 정통성을 위협하는, 왕에게는 치명적인
약점입니다.

할아버지는 악조건 속에서 왕좌를 지켜야 했어요. 역모가
일어날 만한 작은 빌미도 주면 안 됐죠. 할아버지는 엄격한
원칙주의자가 되어 갑니다. 그래서 왕위를 이을 아들
사도세자도 흠 없이 완벽한 왕세자가 되도록 깐깐하게
가르쳤는데, 그 과정에서 부자 간의 갈등이 생겼어요.

변화하는 세상의 흐름을 잘 보세요 정조

사도세자의
비극

충고   두 분 사이에 어떤 갈등이 있었나요?

정조   영조 할아버지는 어릴 때부터 출생 배경 때문에 무시당하지
않으려고 노력했을 겁니다. 열심히 공부하고, 혹여 자신에게
오점이 있지는 않은지 자기 검열을 했겠죠.
할아버지는 자신의 아들도 자기처럼 살기를 바랐지만,
자유분방한 아버지 사도세자는 그런 강요를 견디지 못했어요.
사실 아버지는 원래 세자가 아니었어요. 형인 효장세자가
세상을 떠나면서 둘째 아들인 아버지가 세자로 낙점된 겁니다.
그것이 할아버지와 아버지, 저, 그리고 조선 역사의 비극이죠.

충고   세자 자리는 지키기 어렵다고 들었습니다.

정조   세자는 왕이 될 자질이 있다는 것을 증명해 보여야 하니까요.
주변의 공격도 어마어마합니다. 세자를 밀어내려 하는
반대파가 많거든요. 세자는 정신적으로 쇠약해질 수밖에
없죠. 심한 경우, 늘 누군가 자신을 지켜보고 있다는 강박에
시달리기도 합니다.
아버지는 태어난 다음 해에 바로 왕세자가 되었으니
죽을 때까지 평생을 긴장하면서 산 셈이죠. 스트레스가
어마어마했을 겁니다. 참고로 할아버지는 82세까지 살았고

왕위에 52년 동안 머물렀습니다.

충고 아버지께서 세자 자리에 있을 때 어떤 상황을 겪으셨나요?

정조 아버지는 성격이 자유롭고 예술가 기질이 있어서 기득권층보다는, 기생 등 서민층과 격 없이 지냈어요. 엄격한 할아버지는 그 모습을 두고 보지 않으셨죠. 할아버지는 아버지가 살이 찐 것까지 지적했어요.

아버지는 스트레스가 심해지면서 정신적으로 고통받았고, 사람을 죽이기까지 합니다. 아버지가 벌인 일들은 아버지 자신을 궁지로 몰아넣었어요. 결국 뒤주에 갇혀 돌아가시게 되었죠.

충고 그 비극적인 사건을 '임오화변'이라고 하죠?

정조 그렇습니다. 이 세상에서 부모만큼 자식을 믿고 지지하는 사람은 흔치 않은데, 아버지는 할아버지로부터 신뢰를 잃은 거예요. 할아버지가 정통성 콤플렉스를 극복했더라면, 아버지를 그렇게까지 나무라지 않았을지도 모릅니다. 할아버지도 자신의 콤플렉스에서 벗어나지 못했다고 생각해요.

충고 임오화변에는 그런 배경이 있었군요.

임오화변의 맥락을 이해했다면 이제 여러분 자신을 돌아봐야 합니다. 자신은 아버지를 비롯해 가족, 주변 사람과 얼마나 잘 소통하며 지내는지 생각해 보세요.

정조	말씀하신 지점이 바로 임오화변, 나아가 역사를 배워야 하는 이유입니다.
충고	앞서 세종대왕님이 말씀하신 것처럼 가정환경이 그 사람에게 미치는 영향이 상당하네요. 부모에게 사랑받지 못한 아이는 자존감이 높지 않다는 연구 결과도 있죠. 어린 시절 부모와의 관계가 성장에 큰 영향을 미친다는 뜻으로 이해할 수 있어요. 청소년 구독자 여러분도 부모님의 어떤 면을 이해하기 힘들 때가 있을 거예요. 그럴 때 부모님의 어린 시절과 성장 과정을 살펴보면 불화의 원인을 찾고 서로를 이해하게 될 겁니다. 다시 본론으로 돌아갈게요. 사도세자에서 '사도'는 무슨 뜻인가요?
정조	제가 왕이 된 뒤 아버지께 붙여 드린 시호입니다. 사도는 '생각하니 슬프다'는 뜻이에요. 아버지를 떠올리면서 사람의 운명을 생각합니다. 만약 큰아버지인 효장세자가 일찍 죽지 않고 왕위를 물려받았다면 둘째 아들인 아버지는 자유롭게 살면서 화가나 음악가 같은 예술가가 되었을지 모르죠. 그랬다면 뒤주에 갇혀 비참하게 세상을 떠나지 않았을 겁니다. 또한 그 상처가 저한테까지 남지 않았을 거예요.

취약한
왕권

충고 이제 정조대왕님의 삶에 대해 이야기 나누어 보겠습니다.

정조 왕위에 올랐을 때부터 시작해 보죠.

제가 왕이 될 때 집권 세력은 노론이었습니다. 아버지를
죽음으로 몰고 간 노론과 함께 국가 정책을 펴내야 하는
상황이라 본격적으로 개혁을 시도하기 어려웠어요. 제가
개혁을 하면서 빈틈을 보이면 공격당할 게 뻔하거든요. 심지어
목숨도 위험할 수 있습니까.

충고 왕을 위협할 수 있나요?

정조 믿기지 않겠지만 즉위 1년인 1777년 7월 어느 밤, 자객이 제
침소에 숨어들어 암살을 시도했는데 다행히 피했어요. 이 일을
'정유역변'이라고 합니다. 저는 그때부터 밤에 잠을 잘 이루지
못해 독서에 열중했어요.

왕권이 얼마나 취약했는지 알겠죠? 시해하려는 의도도
있었겠지만 언제든 저를 없앨 수 있다는 협박이기도 했습니다.

충고 그렇다면 정조대왕님도 할아버지 영조처럼 자기 자신에게
철저한 성격이었나요?

정조 왕이 죽으면 신하들이 묘호를 붙여 줍니다. 제 묘호는
바를 정(正)자를 써서 정조 아닙니까? 제가 얼마나 바른

변화하는 세상의 흐름을 잘 보세요 정조

사나이였는지 알겠죠?

개혁하는
왕

충고 조선 후기를 대표하는 왕으로서 여러 개혁을 하셨어요.

정조 돌이켜 보면 제가 한 개혁으로는 조선 사회의 방향을 바꿀
수 없었어요. 당시 조선은 사회 체제의 근본적인 변화가
필요했으니까요. 반면 그 시기에 서양은 프랑스 대혁명이
일어나면서 사회가 크게 변화했습니다.

충고 조선 전기의 집현전과 후기의 규장각을 많이 비교하는데,
어떻게 생각하세요?

정조 제가 학술 기관인 규장각을 만들어 젊고 유능한 학자를
검서관으로 등용해 학문을 연구하게 했다고 하는데요. 사실
검서관은 잡직입니다. 지금으로 치면 기간제 비정규직이에요.
월급은 적은데 일은 엄청 많았죠.
검서관으로는 서얼이라 과거를 못 보는 인재들을 등용했어요.
대표적으로 서자 출신 실학자인 이덕무가 있습니다. 그가 남긴
글 중에 눈이 아프고 힘들다고 하소연하는 내용이 있더군요.
박제가도 서자 출신 검서관이었는데, 잡직이라 큰 역할은 하지
못했어요.

그들을 전폭적으로 지원해서 연구에 몰입하게 했다면
규장각이 조선 사회 변화의 핵심 기구가 되었을 겁니다. 못내
아쉽습니다.

충고　세종대왕님은 관노 출신인 장영실을 발탁해 대호군이라는
벼슬을 내림으로써 조선 과학의 발전을 가져왔습니다. 그런
파격적인 결정은 왕도 쉽게 할 수 없나 보군요.

정조　변명을 하자면 당시 제 정치적 영향력으로는 서얼 출신들에게
과감히 일을 맡길 수 없었습니다. 더 솔직히 말하면 근본적인
개혁이 필요하다고 생각하지 못했습니다.

저는 조선이라는 성리학적 질서 안에서 백성들이 조금
더 편하게 살 수 있는 방법을 생각했어요. 지금 돌아보니
그것만으로는 부족했어요. 다만 제가 할 수 있는 선에서
최선을 다해 개혁했다고 말하고 싶습니다.

충고　정조라고 하면 많은 사람이 '문체반정'을 떠올립니다. 어떻게
해서 문체반정을 생각하셨나요?

문체반정의
이유

정조　문체반정의 시작에는 진산사건이 있어요. 해남 진산에 사는
독실한 천주교 신자 윤지충이 조상의 신위를 불태우고

제사를 거부한 사건입니다. 성리학을 근간으로 하는 조선
사회에서는 결코 용납될 수 없는 일이었어요. 진산사건으로
윤지충의 아버지는 스스로 목숨을 끊었고 윤지충은 사형에
처해졌습니다.

저는 조선에 성리학이 더 뿌리 깊게 자리 잡으면 사회가
스스로 올바른 방향으로 나아갈 거라고 믿었어요. 그런데
그즈음 청나라에서 들어온 소설이 유행했습니다.
그 소설들에는 남녀의 연애 등 사회 시스템을 흔들 만한
내용이 담겨 있었어요.

충고 문화는 한 사회의 흐름을 바꿀 만큼 중요합니다. 그래서 독재
국가에서는 문화를 통제할 목적으로 책을 검열하기도 하죠.

정조 가랑비에 옷 젖는 줄 모른다는 속담처럼, 문화는 눈치 채지
못하는 사이에 서서히 사람들의 생각을 바꿀 수 있어요.
그렇기에 그런 소설에 빠지기 시작하면 남녀 간의 윤리가
무너지고 신분제에 도전하는 사람이 생기는 등 기존의 질서가
흔들릴 위험이 있습니다.
그래서 관리들부터 소설을 읽지 못하게 했는데, 이후 제 아들
순조의 장인이 되는 김조순이 규장각에서 《평산냉연》이라는
청나라 소설을 읽다가 제게 걸렸어요.

소설과
문체

충고 그렇게까지 소설을 금지한 이유가 있나요?

정조 어른들이 청소년기에 연애소설을 보지 말라고 하잖아요.
      그러면서 공부할 시간이 줄어든다는 핑계를 대죠. 진짜 이유는
      무엇일까요?
      사랑에 눈을 뜨면 학교라는 공간은 물론이고, 공부에만
      열중하라는 교육 시스템까지 갑갑해질 수 있기 때문입니다.
      사실 그렇게 주체적으로 생각할 수 있다면 훌륭하죠.
      하지만 기득권층의 생각은 다릅니다. 사람들이 기존 시스템에
      도전하면 통제하기가 어려워져요. 그래서 저도 애초에 소설을
      못 읽게 한 겁니다.
      내용 못지않게 문체도 문제였어요. 소설은 유교 경전과 달리
      소설만의 문체가 있는데, 그 문체로 된 문장을 읽다 보면
      자연스럽게 세상을 보는 시선이 바뀝니다.

충고 문체의 중요성을 일찍이 아셨네요. 왜 그렇게 문체에
      민감하셨나요?

정조 쉽게 말하면 선생님을 '쌤'이라고 하는 것도 문체의 변화예요.
      쌤이라고 부르면 선생님이 친근해지면서 시간이 흐르면 정말
      친구처럼 편안해지잖아요. 그러면 수직적 관계가 수평적

변화하는 세상의 흐름을 잘 보세요 정조

관계로 변하죠.

소설 문체에 대해 더 설명해 볼게요.

예를 들어 '장터에는 사람이 많다'고 하면 될 것을 소설에서는 '시장에는 소를 끌고 가는 사람, 닭을 파는 사람, 종종걸음 치는 아낙……' 등 수십 명을 거론합니다.

이것이 바로 소설 문체예요. 그 많은 사람을 한 명씩 이야기하다 보면 그들 모두를 사회 주체로 인식하게 됩니다. 저는 그런 생각이 못마땅해서 당나라 때 유교 경전의 문체를 모범으로 삼고, 그렇게 쓰라고 정했어요. 이것이 바로 문체반정입니다.

충고 정조대왕님의 주장을 지금에서 보면 이런 것 아닐까요? 선생님이 아니라 스승님으로 부르라고 야단치는 겁니다. '선생님 식사하셨어요?'를 '스승님 진지 드셨는지요?' 이렇게 말하라는 것과 같아요.

정조 요즘은 그런 사람을 꼰대라고 하면서 뒤에서 손가락질하죠? 소설 문체로 글을 쓰는 학자들도 있었어요. 반성문을 써 가지고 오면 용서했는데, 박지원은 핑계를 대면서 끝까지 안 썼습니다.

박지원이 가장 먼저 소설 문체를 썼어요. 그의 대표작 《열하일기》는 제목에 '일기'를 붙인 것부터 기존의 틀에서 벗어났죠. 그때까지 청나라를 다녀와서 책을 쓰면 대부분

홍대용의 《을병연행록》처럼 '록'을 붙였으니까요.

충고 사소해 보이지만 엄청난 변화네요. '록'을 붙이면 딱딱한
보고서가 되는데, '일기'라고 하면 내면의 고백을 담은 글이
되니까요. 그러면 자연스럽게 문체도 바뀌겠죠. 학교에서
수행평가 때 쓰는 문체와 친구들과 주고받는 메시지의 문체가
같을 수 없듯이!

바꿀 수 없는 시대의 흐름

정조 문체는 시대를 반영하는 것이라 왕도 그 흐름을 바꿀 수
없었어요. 변화를 인정하고 예민하게 살펴야 했는데 제가
부족했습니다.

그때는 상공업이 발달하면서 경제력이 있는 평민도 많았어요.
문화의 주도권이 백성들한테 넘어가면서 서서히 근대화가
시작되고 있었습니다. 또한 여성들도 한글 소설을 쉽게 빌려
보면서 시대의 주역이 될 준비를 했어요.

그전까지 책은 관청에서 주로 만들었는데 이즈음부터
민간에서 책을 만들어 팔면서 수익을 얻기 시작했습니다.
일종의 출판사, 서점이 생겼어요.

특히 여성들이 소설을 좋아하다 보니 여성 주인공이

변화하는 세상의 흐름을 잘 보세요 정조

주체적으로 행동하는 소설이 인기를 끌었습니다.

충고　문화는 사회를 바꾸고 시대를 이끌어 가죠.

정조　사회가 가장 역동적으로 변해야 하는 시대였는데, 그 중요한
　　　기회를 놓친 셈입니다. 제가 세상을 떠나고 바로 조선의
　　　암흑기인 세도 정치 시기가 시작되었어요.
　　　저 역시 정치적으로 자신감이 없었기 때문에 새로운 시대의
　　　흐름을 받아들이지 못하고 가로막았던 것은 아닐까 하는
　　　생각이 듭니다.

21세기
문체반정

충고　단어 하나에서도 그 사회의 생각을 엿볼 수 있어요. 그래서
　　　어떤 단어를 선택해 써 버릇하느냐에 따라 사회 분위기가
　　　달라지기도 합니다. 그런 의미에서 오늘날에도 문체반정이
　　　이어져야 한다고 생각하시나요?

정조　아직까지 여류 화가, 여기자, 여경, 학부형 등 성차별 단어가
　　　많잖아요. 그런 단어들부터 개선해 나가야 합니다. 유모차도
　　　여성이 육아를 맡는다는 생각이 바탕이 된 단어죠. 어떤
　　　단어는 성 역할을 고정합니다.

충고　요즘은 팀장님, 과장님이라고 직급을 부르는 대신 모든 직원이

서로를 닉네임으로 부르는 회사도 많아요. 호칭에 위계가 없어야 의견을 주고받기도 수월하고, 좋은 아이디어도 많이 나오죠.

정조   판사나 검사 같은 법조인이 쓰는 법률 용어도 누구나 이해하기 쉽게 바뀌어야 합니다. 의사들이 쓰는 단어도 마찬가지에요. 완전히 바꿀 수는 없어도 환자들이 이해할 수 있도록 조금 더 친절하면 좋겠죠. 진료 기록에 적힌 단어를 보고 자신의 건강 상태와 처방된 약을 알 수 있게끔요.

언어를 독점하면 권력이 생깁니다. 그런 언어를 누구나 알 수 있도록 바꾸는 것이 21세기 문체반정이에요.

시대의 꼰대

충고   많은 분이 궁금해하는 질문 드리겠습니다. 10년을 더 사셨다면 조선의 역사가 달라졌을까요?

정조   솔직히 자신 없습니다. 말했듯이 저는 조선의 체재를 개선하거나 근본을 개혁할 생각은 하지 못했어요. 조선의 개혁은 인조의 큰아들 소현세자가 할 수 있었는데, 소현세자가 갑자기 세상을 떠나면서 개혁의 씨앗은 꽃필 수 없었습니다.

변화하는 세상의 흐름을 잘 보세요 정조

청나라에 볼모로 끌려간 소현세자는 서양의 문화와
과학기술을 경험하고 조선으로 돌아왔어요. 그런 소현세자가
왕위에 올랐다면 조선이 바뀌었으리라고 생각합니다. 다만
소현세자의 낯선 상상력을 조선 사회가 받아들이지 못했을
겁니다. 소현세자의 생각은 기득권층에게는 불온함 그
자체였을 테니까요.
시대 변화를 받아들이지 못하면 자기도 모르는 사이에
꼰대가 됩니다. 사람만 꼰대가 되는 게 아닙니다. 사회도
마찬가지예요.

충고　조선이 시대 변화를 빨리 감지하지 못했나요?

정조　그렇죠. 그 예가 되는 일이 있었어요.
효종 때 네덜란드에서 일본으로 가던 하멜이라는 사람이
일행과 함께 제주도에 표류하게 됩니다. 조선 정부는 하멜
일행을 전라 좌수영에 배치해요. 고된 노역을 하며 힘들게
살던 그들은 13년 만에 탈출해 일본을 거쳐 고향으로
돌아갑니다.
그렇게 해서 하멜이 쓴 책이 《하멜 표류기》예요.
아쉬운 것은 하멜 일행을 통해 항해술을 비롯해 세계의 흐름을
알 기회가 있었는데 조선은 관심을 갖지 않았다는 겁니다.
당시 조선은 명나라가 망하고 오랑캐인 청나라가 들어서며
우리가 중화사상을 이어갈 소(小)중화라고 생각했어요. 그래서

세계가 어떻게 변화하는지 그 흐름을 예민하게 살피지 않았죠. 《하멜표류기》에는 조선의 기득권층이 얼마나 부패했는지 잘 담겨 있어요. 읽다 보면 얼굴이 화끈거릴 정도입니다.

충고 오늘은 정조대왕님을 모시고 변화하는 시대의 흐름을 잘 읽어야 하는 이유에 대해 함께 이야기해 보았습니다. 역사를 배워야 하는 이유도 다시금 깨달았습니다.

청소년 구독자분들이 질문을 많이 해주셨네요. 변화에 누구보다 민감한 10대를 위해 좋은 말씀 부탁드리겠습니다.

Q&A
: 그것에 답해 드림

소통맨 저는 동아리 후배들과 소통을 잘한다고 생각했는데, 다들 저를 꼰대라고 부른다는 말을 듣고 충격받았습니다.

저는 예전부터 이어져 온 선후배 사이의 예절이 중요하다고 생각해서 선배에게 인사를 잘하라고 하는 등 후배들에게 예절을 많이 강조하거든요. 제가 1학년일 때는 이것을 당연하게 받아들였는데, 후배들은 그렇지 않은 것 같아요. 그리고 저는 후배들을 아끼는 마음에서 조언도 많이 합니다. 이런 제가 정말 꼰대인지 모르겠어요.

정조   예전부터 이어져 온 선후배 사이의 예절이 무엇인지는 정확히
      모르겠지만, 상하 관계를 강조하는 문화라면 후배들은 당연히
      불편해합니다. 전통을 강조할 수는 있지만 그것이 정답은
      아니에요.

      세상에 절대로 변하지 않는 진리는 부처님의 자비, 예수님의
      사랑, 공자님의 인(어짊)처럼 남을 아끼고 사랑하라는
      가르침뿐입니다. 그래서 지금까지 이어지는 거죠. 그 가르침을
      따라 다른 사람에게 상처 주는 말을 하지 말아야 하고, 어려운
      사람에게는 베풀어야 합니다.

      그 외의 것들은 전부 바뀌어요. 제사, 장례 문화도 계속
      바뀌어서 제사를 안 지내는 집도 늘고 있죠. 또 예전에는
      당연히 남자는 밖에서 일하고, 여자는 집에서 육아와 살림을
      맡아야 한다고 생각했지만, 지금 그렇게 말하면 문제가 많은
      사람입니다. 시대의 변화를 알아채지 못하고 과거의 질서만
      고집하면 바로 꼰대가 되는 거예요.

      후배들과 허심탄회하게 속마음을 이야기하면서 선후배
      관계를 수평적으로 바꿔 나가면 어떨까요?

      소통맨 님은 후배를 아끼는 마음에서 조언을 많이 한다고
      했지만 그것 또한 선배 입장입니다. 때로 조언은 후배에게
      잔소리로 들릴 수 있어요.

      후배 입장에서 먼저 생각해야 합니다. 그러지 않고 자기

식으로 타인을 판단하고 강요하면 꼰대가 확실하죠. 그런 행동의 바탕에는 자신이 가장 옳다는 오만이 깔려 있으니까요. 어른들이 소통맨 님한테 조언을 매일 하면 어떻겠어요?

마지막으로, 지금 자신이 다른 사람과 소통을 잘하고 있다고 확신하면 위험합니다. 확신하는 사람은 진짜로 소통을 잘하고 있는지 주변을 살피지 않을 테고, 그러다 보면 오만하고 닫힌 사람이 되어 가죠. 다른 사람들이 소통을 잘한다고 인정해 줘야 진짜 소통을 잘하는 사람이에요. 그렇기에 늘 자신을 돌아봐야 합니다.

굿바이 북스　부모님이 공부도 중요하지만 책도 많이 읽으라고 잔소리를 하십니다. 책을 읽어야 지혜롭고 똑똑한 사람이 될 수 있다고요. 머리로는 이해하는데 저는 책 읽기가 정말 싫습니다. 정조대왕님께서는 어릴 때부터 책 읽기를 좋아했다고 들었습니다. 책을 싫어하는 사람도 책을 좋아하는 방법이 있을까요?

정조　어떤 학자는 초등학생 때까지 책 읽기에 흥미가 없으면 앞으로 평생 독서를 취미로 삼을 수 없다고 하더군요. 너무 무서운 말인가요?

책 읽기를 즐기려면 텔레비전을 시청하듯이 게임을 하듯이 즐거운 놀이로 여겨야 하는데, 우리나라는 독서를 교육의 연장이라고 생각합니다. 그래서 어린이와 청소년 들이 독서를 그저 공부로만 생각해요. 안타까워요.

독서 편식을 막아야 한다고 다양한 분야의 책을 읽도록 권하는 것도 문제입니다. 유튜브를 아무리 좋아해도 관심 없는 주제의 영상은 절대 안 보잖아요. 마찬가지로 독서도 처음에는 자신이 좋아하는 분야의 책만 읽어도 됩니다. 그렇게 흥미를 붙이면 다른 분야 책도 찾아 읽게 되고, 어휘력과 문장 독해력도 좋아집니다.

한 분야의 지식은 다른 분야와도 연결되어 있어요. 좋아하는 분야에 깊이 빠지다 보면 자연스럽게 다른 분야도 궁금해지죠. 이렇게 스스로 독서력을 키우면 세상을 바라보는 시야도 넓어집니다.

예를 들어 역사를 좋아하고 과학은 싫어하는 청소년이 있다고 합시다. 이 청소년은 고려 역사에 대한 책을 읽다가 고려청자에 관심이 생깁니다. 청자는 1,300도에서 구우면 산화작용으로 색이 변하는데, 그 이유는 화학 원리를 알아야 이해할 수 있어요.

청자 덕분에 과학을 싫어하는 이 청소년은 화학 지식을 알게 됩니다. 더불어 무역과 미술의 역사까지 살펴보게 되죠. 이렇게 독서를 하다 보면 단편적으로 지식을 암기하지 않고, 통합적으로 사고하는 힘이 생깁니다.

축구를 좋아하면 도서관에 가서 축구 관련 책을 마음껏
읽으세요. 아무것도 읽지 않는 것보다 훨씬 나아요. 그러다
보면 언젠가는 자기도 모르는 사이에 다양한 책을 찾아 읽을
겁니다.

변화하는 세상의 흐름을 잘 보세요 정조

백탑파를
아시나요?

백탑파라고 들어 봤어? 백탑은 지금 서울 종로2가 탑골공원에 있는 원각사지 10층 석탑을 말해. 멀리서 보면 하얗게 빛난다고 해서 백탑이라고 불렀다지. 그때 백탑은 지금의 남산타워처럼 한양을 상징하는 중요한 랜드마크였다고 해.

백탑 근처에는 《열하일기》를 쓴 연암 박지원의 집이 있었는데, 그곳을 아지트 삼아 유명한 실학자들이 모여 들었어. 그래서 그들을 백탑파라고 부른 거야.

《발해고》를 쓴 유득공, '책만 보는 바보'라는 별명이 붙은 이덕무, 그리고 《북학의》를 쓴 박제가, 조선 무예의 종합판인 〈무예도보통지〉 발간에 참여한 백동수, 과학에 조예가 깊은 홍대용 등이 백탑파 일원이야.

백탑파는 나이가 많든 적든, 양반이든 서얼이든 상관없이 치열하게 난상토론을 벌이며 사유를 넓혀 나갔어. 양반 출신인 박지원과 홍대용도 신분 차별 없이 토론에 참여하며 아낌없이 조언했어. 지금에서 보면 학술 토론 모임이랄까?

백탑파 학자들은 경직된 성리학의 그늘에서 벗어나 민생을 보듬는 이용후생의 학문을 강조하며 새로운 시대를 염원했어. 당장은 세상을 바꿀 힘이 없었지만, 그들의 생각은 오늘의 씨앗이 되었어.

어쩌면 나이와 신분의 벽을 넘어 자유롭게 이야기를 하다 보니 더 넓고 깊은 안목을 기를 수 있었던 것인지도 몰라. 나이, 직업이 같은 사람들끼리만 만나면 생각과 경험의 폭이 좁아지잖아. 백탑파는 우정을 통해 그 한계를 가뿐히 뛰어넘은 거야.

지금 탑골공원 근처에는 어른신이 참 많잖아. 21세기 백탑파는 머리가 희끗희끗한 어르신들이야.

나이, 직업, 성별 상관없이 어르신과 청년 들이 자유롭게 만나 격의 없이 어울려야 큰 갈등 없이 소통할 수 있고, 멋진 상상력도 펼칠 수 있겠지? 요즘 청년들이 탑골공원에서 어르신들과 편하게 교류하다 보면 지혜와 열정을 주고받아 서로 윈윈(win-win)하지 않을까?

탑골공원이 우리나라를 대표하는 소통의 마당, 세상을 바꾸는 발칙한 상상력이 시작되는 곳이 되기를 조선 후기 백탑파들이 바랄 거야.

김정희

"수능보다 중요한 삶이 기다리고 있어요"

~~~~~~

1786년(정조 10)~1856년(철종 7)

어린 시절부터 서예, 그림 등 예술에 탁월한 재능을 보였다. 중국에서
도 재능을 인정받아 중국 학자들과 교류했으며, 추사체를 만들었다.
제주에서 귀양살이를 하는 동안 예술 세계가 더욱 깊어져 명작 〈세한
도〉를 남겼다.

요즘 우리나라 문화 예술이 세계적으로 인기를 끌고 있습니다.
방탄소년단이 케이팝을 알리고, 한강 작가의 소설이 권위 있는
문학상인 맨부커상을 받고, 영화 〈기생충〉이 미국 아카데미 시상식에서
수상하는 등 세계 여러 나라가 주목하고 있어요. 이러한 문화 흐름을
한류라고 하죠.

그렇다면 한류 열풍의 시작은 언제일까요?

어느 학자는 추사 김정희가 문화 한류의 시작이라고 말합니다.
추사체로 일컬어지는 글씨체부터 〈세한도〉, 〈모질도〉 등 미술
작품들이 중국과 일본에서 찬사를 받으며 조선 문화의 수준을 한 단계
끌어올렸다고 평가해요.

우리나라 사람이라면 한 번쯤 들어 봤을 추사 김정희, 그리고 명작
〈세한도〉. 하지만 그의 삶과 예술에 대해 제대로 아는 사람은 많지
않습니다.

오늘 이 시간에는 추사 김정희 선생님을 모시고 여러 이야기를 나눠

보겠습니다.

충고　안녕하세요. 선생님. 여러 호가 있지만 '추사'와 '완당'이 가장
　　　유명하죠? 오늘날 선생님을 한류 열풍의 선구자라고 평하는데,
　　　이런 평가에 대해 어떻게 생각하시나요?

김정희　젊은 시절, 청나라 북경에 가면 다들 저를 만나고 싶어 했어요.
　　　아이고, 처음부터 제 자랑을 하네요. 어쨌든 계속하겠습니다.
　　　젊었을 때는 자신감이 넘쳐서 오만했는데, 여러 사건을
　　　겪으면서 많이 겸손해졌어요.

충고　자랑할 만하시죠! 선생님은 꼬마 때부터 붓글씨로 명성이
　　　자자했다고 하더군요.

김정희　우리나라 문화에서 이런 이야기를 들으면 겸손하게
　　　대답해야겠죠? 하지만 그것도 문제라도 생각해요. 잘하는 것은
　　　잘한다고 말하고, 부족한 것은 확실하게 인정해야 더 발전하는
　　　계기가 되지 않을까요? 우리 사회는 너무 겸손만 강조해서
　　　답답할 때가 많습니다.
　　　조선 후기 실학자로 알려진 박제가 선생이 제 글씨를 보고
　　　인정했고, 정조께서 신임한 영의정 채제공 대감도 제가 일곱
　　　살 때 대문에 써 붙인 '입춘대길'을 보고 아버지께 "이 아이는
　　　반드시 명필로 이름을 날릴 터이나, 만약 글씨를 잘 쓰면
　　　운명이 기구할 것이니 절대로 붓을 잡게 하지 마시오. 만약

문장으로 세상에 나서면 꼭 크게 귀한 사람이 될 것이오"라고
하셨답니다.

충고   채제공 대감이 앞날을 정말 정확히 내다보았네요. 여러 의미가
담긴 뼈 있는 말입니다.

오만한
금수저 천재

충고   선생님의 어린 시절은 어땠는지 궁금합니다.

김정희   저희 집안이 경주 김씨인데 원래가 금수저입니다.

증조할아버지(김한신)는 영조의 둘째 딸인 화순옹주와 결혼해
왕의 사위인 부마가 됩니다. 그러니 힘이 막강했죠. 그래도
근검절약하며 살았다는 평을 받으신다네요.

그런데 증조할아버지가 아들 없이 일찍 돌아가셨어요.
증조할머니도 그 충격으로 보름 뒤 세상을 떠나셨습니다.
그 후 증조할아버지 큰형님의 셋째 아들이 양자가 돼요.
안타깝게도 그분도 아들을 얻지 못하고 세상을 떠나서 조카인
제가 양자로 들어가 증조할아버지의 제사를 지내게 됩니다.

조금 복잡하죠? 결론은 경제력과 권력 모두 있는 집안에 제가
양자로 들어갔습니다.

충고   증조할아버지가 영조의 사위였다면 정말 엄청난 집안이네요.

그럼 김정희 선생님께서는 어떻게 해서 중국에까지 이름을
날리셨나요?

김정희　조선에서는 해마다 청나라에 여러 차례 사신을 보냈습니다.
아버지가 청나라로 가는 사행에 동지부사로 가게 되면서 저도
자제군관 자격으로 동행했어요. 박지원 선생도 자제군관으로
청나라에 다녀오고 나서 《열하일기》를 남겼죠.
자제군관은 사신의 비공식 수행원이라서 업무가 주어지지
않습니다. 그래서 북경을 자유롭게 구경할 수 있었죠. 저는
청나라의 대학자 옹방강을 비롯해 많은 사람을 만났어요.
그때 만난 학자들이 제 글씨를 높이 평가하며 서로 받고 싶어
했습니다. 역시 겸손은 힘드네요. 어쨌든 저는 사실을 알려
드리는 겁니다.

충고　어린 시절부터 주목받으면 겸손하기가 쉽지 않다고 하죠.

김정희　'소년등과 일불행'이라는 말도 있잖아요. 어린 나이에 과거에
급제하거나 성공하면 불행해진다는 뜻이죠.

충고　비슷한 사례로 10대 때부터 유명해진 연예인 중에는 훗날
잘 안 된 이가 많다고 하잖아요. 천천히 한 계단씩 오르면서
보고 느껴야 하는 것들이 있는데, 그것들을 경험하지 못하고
지나가다 보니 오만하기 쉽겠죠? 겸손과 관련해 청소년들에게
들려주고 싶은 이야기가 있을까요?

김정희　돌이켜 보면 참 반성하고 싶은 순간이 많아요.

제주도로 귀양을 가다가 전라도 정읍을 지날 때였어요. 그
지역에서 인정받는 유명한 서예가 창암 이삼만 선생이 저를
찾아와서 자기 글씨를 봐달라고 했습니다.

이상만 선생은 저보다 나이가 지긋했는데, 저는 그분에게
"이 지역에서 글씨로 밥은 먹을 수 있을 겁니다"라고 했어요.
귀양살이를 하며 고통의 시간을 겪어 보니 그 말이 참
부끄럽게 느껴지더군요.

예술 작품에는 창작자의 심리가 드러납니다. 그래서인지 젊은
시절 제 글씨는 오만함이 넘친다는 평을 듣는데요. 이제 와
생각하면 그 또한 젊은 날의 흔적 같아요.

젊을 때 넘치는 자신감과 타오르는 열정도 있어야죠. 세월과
함께 겸손해지면서 성숙하는 법이에요. 더 큰 문제는 나이가
들어서도 계속 자만하며 사는 것입니다.

자신감과
자만의 차이

충고   세상은 왜 성공한 사람에게 겸손하라고 하는 걸까요?

김정희   오만하고 자만하는 사람은 아무도 좋아하지 않아요. 자신감과
자만의 차이는 상대방을 대하는 태도에서 드러납니다. 자신감
넘치는 사람은 다른 사람도 인정하고 배려하죠. 반대로

119

자만하는 사람은 자기중심적이라 타인의 가치를 인정하지
않고 깎아내리거나 무시합니다.

타인의 가치를 인정하면 더 많이 배우고 발전할 수 있는데,
자만하면 자신이 타인보다 우월하다고 생각하며 자기
안에 갇히게 됩니다. 그러면 더 이상 발전하지 못하고 점점
퇴보하게 되죠.

충고　　선생님도 그런 경험이 있나요?

김정희　사람들이 서예가 원교 이광사 선생과 저를 많이 비교하는데요.
글씨체는 완전히 다릅니다. 저는 이광사 선생의 글씨에
비판적이었어요.

제주도로 귀양을 가던 중 해남 대흥사에 들렀는데, 그가 쓴
'대웅보전' 현판이 눈에 거슬려서 떼어 내게 했어요. 그의
글씨는 그것대로 가치가 있는데 그때까지 저는 제 생각에 갇혀
있었습니다. 오만했죠.

충고　　계속해서 성격의 중요성을 강조하시는군요.

김정희　청소년들은 성적이 가장 중요하다고 믿겠지만, 사람의 운명은
성격이 좌지우지해요. 아무리 실력이 뛰어나도 성격이 안
좋으면 실력을 발휘할 기회를 얻지 못합니다. 하지만 성격이
좋고 성실하면 처음에는 부족하더라도 실력을 쌓을 좋은
기회를 얻게 됩니다. 성실하면 때로 손해를 보는 것 같아도
누군가는 그 성실함을 눈여겨보고 기회를 줍니다.

예를 들어 같은 동아리에 친한 후배가 있다고 합시다.
그런데 이 후배가 지각을 밥 먹듯이 하고 빼질거려요. 마침
실력을 인정받을 수 있는 중요한 대회가 열리는데, 여러분은
짝꿍으로 이 후배를 고를까요? 아무리 친한 사이라고 해도
믿음직스럽지 않은 사람에게는 함께하자고 제안하지 않겠죠.
이 후배는 평소 성실하지 않은 태도 때문에 성장할 수 있는
기회를 얻지 못하는 겁니다.

제주에서의
귀양살이

충고 선생님은 어떤 이유에서 제주도로 귀양을 가셨나요?

김정희 먼저 붕당 정치를 설명해야겠네요.

쉽게 말해 생각이나 학문이 비슷한 사람들끼리 모인 정치
세력을 '붕당'이라고 합니다. 현재로 보면 정당과 비슷해요.
사림 세력이 정치계에 등장하고, 그 사림은 선조 때 동인과
서인으로 나뉩니다. 훗날 동인은 남인과 북인으로 갈라져요.
북인은 대북과 소북으로 나뉘어 갈등하다가 광해군이
왕위에서 쫓겨나면서 함께 약화됩니다.
이후 서인과 남인이 중심이 되어 조정을 움직이는데, 서인은
노론과 소론으로 또 한 번 분열합니다. 영조가 집권한 뒤로는

노론이 정권을 잡아요. 다시 노론은 시파와 벽파로 나뉘었다가 정조가 승하하고 특정 가문이 권력을 장악하는 '세도 정치'가 시작됩니다.

붕당 정치는 정치 세력들이 갈등하면서 서로를 견제하지만, 세도 정치는 특정 가문이 정권을 장악해 견제가 없으니 부패하기 쉬워요. 그래서 세도 정치와 함께 조선의 암흑기가 시작되었고 국가 시스템이 무너졌습니다.

정조가 승하한 뒤 1800년에 어린 순조가 왕위에 오르면서 경주 김씨 출신인 영조의 비, 대왕대비 정순왕후가 수렴청정(어린 임금을 대신해 왕대비나 대왕대비가 대신 정치하는 것)을 합니다. 덕분에 경주 김씨가 힘을 얻죠. 그때 저희 집안도 자연스레 빛을 보았어요.

시간이 흘러 순조가 성장하고 정순왕후가 물러나면서 순조의 장인인 김조순이 권력을 잡습니다. 김조순은 안동 김씨예요. 안동 김씨 입장에서는 경쟁자인 경주 김씨가 없어야 계속해서 세도를 누릴 수 있잖아요. 결국 김조순은 저희 집안을 정치계에서 몰아냈고, 그때 제가 제주도로 귀양을 가게 된 겁니다.

충고 귀양은 정확히 어떤 형벌인가요?

김정희 조선 시대 법률에는 오형(五刑)이라고 해서 다섯 가지 형벌이 있습니다. '태장도유사'라고 하죠.

태형은 작은 형장으로, 볼기를 때리는 가장 약한 형벌이에요.
장형은 역사 드라마에서도 자주 나오죠. 큰 형장으로 볼기를
때리는 형벌로, 자칫하면 죽을 수도 있습니다. 도형은 다른
지역으로 보내 강제 노역을 시키는 형벌을 말합니다. 유형은
유배라고 하죠. 중앙 정부와 아주 멀리 떨어진 곳으로 보내
죽을 때까지 돌아오지 못하게 하는 벌이에요.

유형은 주로 정치인에게 내려졌는데, 정권이 바뀌면 사면되어
다시 중앙 정치계로 복귀하기도 했습니다. 규정에 따르면
유배는 3,000리 밖으로 나가야 하는데 우리나라 면적상
아무리 먼 곳까지도 3,000리가 안 되어서 길을 돌아서 가기도
했어요. 이를 '곡행'이라고 합니다. 그러다 보니 가장 멀리 있는
제주도로 유배를 많이 갔어요.

사형은 다들 아는 목숨을 끊는 가장 무서운 형벌입니다.
사형도 종류가 다양한데, 사약이 가장 널리 쓰였어요. 참고로
사약의 '사'가 한자로 죽을 사(死)라고 흔히 생각하는데 내릴
사(賜)입니다.

충고   곡행이란 말은 처음 듣는데, 제주도로 유배를 많이 가는
이유가 있었네요. 그럼 제주도에 귀양 간 사람으로는 누가
있나요?

김정희   광해군을 비롯해 우암 송시열, 그리고 인조의 손자인 소현
세자의 아들들도 제주도로 귀양을 갔어요.

유배객들이 제주에 큰 도움을 주기도 했습니다. 정치인들은
기본적으로 유교 경전을 공부한 학자들이라서 제주도에서
인재를 키우기도 했습니다.

충고 기억하고 싶지 않겠지만 귀양 가는 과정을 들려주시겠어요?

김정희 제주도에 가려면 해남이나 완도에서 배를 타야 했어요. 날씨가
안 좋으면 배가 난파되어 죽을 위험도 있었죠. 지금처럼 배가
좋지 않고, 기상 예보도 정확하지 않았으니까요. 뱃사람들
경험에 의지할 수밖에 없었습니다.

장한철이라는 선비는 제주에서 한양으로 과거를 보러 배를
타고 가다가 폭풍을 만나 여러 나라를 표류했어요. 그리고
겨우 조선으로 돌아와 《표해록》을 썼죠. 그는 운이 좋았어요.
적어도 죽지는 않았으니까요.

제주도로 가다가 죽는 사람이 많다 보니 제주 행정 책임자인
제주 목사로 발령이 나면 다들 가기 싫어했습니다. 당시
한양에서는 제주도를 낯선 곳으로 여겼거든요. 사투리도
낯설잖아요. 지금도 다른 지역 사람이 나이 지긋한 제주
어르신과 대화를 하면 소통이 어려운데, 조선 시대에는
오죽했겠습니까?

충고 선생님께서는 어떠셨나요? 제주도까지 가는 데 별일
없었나요?

김정희 저는 운이 좋았습니다. 바람이 좋았어요. 아침에 출발해서

그날 저녁에 배가 제주도 화북에 도착했고, 제주성에 머물다가 며칠 뒤 제주도 가장 끝에 있는 대정현으로 갔어요. 그곳이 제 귀양지입니다.

대정은 바람이 심해 농사가 잘 안 되는 곳이에요. 그 지역에 모슬포라는 포구가 있는데, 모슬포가 '못 살겠다'라는 뜻이라고 하니 귀양살이가 얼마나 어려웠을지 감이 올 겁니다. 지금도 대정은 감귤 농사가 안 되고 감자와 당근을 많이 재배해요.

예술 세계를 넓힌 위리안치

충고　귀양살이를 하며 어떤 삶을 살았을지 궁금합니다.

김정희　귀양에도 종류가 많은데, 저는 '위리안치'를 했어요. 위리안치는 집 주변을 가시덩굴로 감싸서 밖으로 나가지 못하게 감금하는 가택 연금입니다.

어떤 학자는 제가 집에 갇혀 있다 보니 자기에게 몰입해 예술 세계를 넓혔다고 분석하던데요. 타당한 말입니다. 예술의 시작은 자신과의 대화입니다. 저는 집에 갇혀서 제 자신을 더 돌아볼 수 있었어요.

솔직히 말해 위리안치라고 해서 온종일 집에만 있지는 않았어요. 귀양 온 사람들은 정치범이라서 정권이 바뀌면

언제든 다시 중앙 정치계로 돌아갈 수 있었거든요. 그래서
지방 관리들이 함부로 대하지 못했습니다. 물론 힘들게 지낸
이들도 있죠. 어쨌든 위리안치라는 상황이 주는 심리적
압박감은 제 예술 세계를 깊게 했어요.

제가 그랬다고 해서 꼰대처럼 젊어서 고생을 사서 하라는 말은
하지 않겠습니다. 군이 고생을 사서 할 필요가 있나요? 몸소
고생하지 않아도 책을 보거나 주변 사람들의 삶을 통해 간접
경험을 하며 견문을 넓힐 수 있습니다.

충고 선생님께서는 한양에서 남부럽지 않게 살던 금수저 출신인데,
척박한 데에다 말도 잘 통하지 않는 제주의 삶이 쉽지 않았을
것 같아요.

김정희 아내와 주고받은 편지가 남아 있어요. 편지에서 저는 아내에게
반찬 투정도 했어요. 제주 음식이 입맛에 맞지 않았거든요.
그렇다고 집에서 보내 준 반찬을 먹을 수도 없었죠. 거리가
멀어서 제주도까지 오는 동안 상했으니까요.

어려움 앞에서는 나이가 많든 적든, 권력이 있든 없든 똑
같더라고요. 대단해 보이는 사람도 극한 상황에서는 나약한
인간에 불과합니다. 사람은 졸리면 자고 싶고, 배고프면
맛있는 음식을 먹고 싶죠. 그러니 자기가 지금 잘났다고
으스대지 말고, 못났다고 위축되지 말아요. 인간은 크게
다르지 않습니다.

충고 귀양살이 하면서 바뀐 것이 있나요?

김정희 세상과 인간을 보는 시각이 바뀌었죠. 어려움과 마주할 때마다
출렁거리는 파도처럼 생각이 크게 변화했어요. 그러다가 어느
순간 겸손해졌다고 할까요?

친한 지인이 안동 김씨 가문의 권력자였어요. 처음에는
그 친구가 곧 저를 귀양에서 풀어 줄 거라고 기대하면서
귀양 생활을 참을 수 있었습니다. 하지만 세상은 제 편이
아니더군요. 그 친구가 갑자기 세상을 떠나면서 희망은
물거품이 되었습니다. 좌절과 고뇌가 깊어졌죠.

대신 그림과 글씨에 더 집중하게 되었습니다. 그림에 빠져들면
현실을 잊을 수 있으니까요. 지긋지긋한 현실에서 잠시 벗어나
찾은 희망, 마지막 동아줄처럼요.

예술은 그렇게 시작됩니다. 고통의 시간을 견디면 명작이
나와요. 정약용 선생과 허준 선생도 귀양지에서 훌륭한 저서를
남겼죠. 이순신 장군도 전쟁이라는 고통스러운 시간 속에서
《난중일기》를 썼습니다.

사람들은 기쁠 때보다 힘들 때 글을 쓰잖아요. 그게 바로 예술
활동이에요. 다시 강조하지만 명작을 쓰려고 일부러 고통에
빠질 필요는 없습니다.

〈세한도〉와
진짜 친구

충고 〈세한도〉는 모르는 사람이 거의 없을 정도로 유명해요.

김정희 〈세한도〉는 제자인 이상적에게 그려 준 그림이에요.
이상적은 역관인데, 거부였어요. 조선 후기 청나라에
사신단으로 가는 역관들은 인삼 무역을 할 권리가 있어서 돈을
많이 벌었거든요. 그 대신 지금으로 말하면 공무원 출장비를
주지 않았죠.
청나라 북경 유리창 거리에는 책방이 많았어요. 전 세계의
책이 다 들어왔습니다. 이상적은 그곳에서 제가 원하는 책을
사다가 제주도에 보내 주거나 직접 가져다주기도 했어요.
목숨을 걸어야 하는 뱃길인데 말이죠.
귀양을 간 정치범과 잘못 엮이면 고초를 당할까 봐 다들
피하는데, 이상적은 그러지 않았습니다. 진짜 우정은 힘든
상황에서 알아볼 수 있더라고요.

충고 〈세한도〉는 어떻게 해서 그리셨나요?

김정희 〈세한도〉를 그린 건 제주도에 5년째 유배 중이던 59세
때였어요. 초가와 함께 소나무와 잣나무 대여섯 그루를 거칠게
그린 겨울 풍경인데, 초가를 보고 대정에 살던 집을 그린 게
아니냐고도 하더라고요. 사실이 아니에요.

실제 경관을 그대로 담는 진경산수화가 아닙니다. 그때 제
마음을 솔직하게 담아 그린 그림이에요. 그림이 쓸쓸하잖아요.
저는 이상적이 〈세한도〉를 북경에 가져가 제 지인들에게 보여
주길 바랐어요. 실력을 평가받고 알리고 싶었습니다. 존재를
증명받고 싶었달까요?

충고   선생님께서 〈세한도〉에 쓴 글귀가 떠오릅니다. 소개 좀
       해주세요.

김정희   "날씨가 추워진 뒤에야 소나무와 잣나무가 늦게 시드는 것을
       안다."
       《논어》자한 편에 나오는 "세한연후 지송백지후조(歲寒然後
       知松栢之後凋)"라는 구절입니다.
       이 글귀로 우정과 이상적의 인품을 말하고 싶었어요.
       이상적을 친구로 둔 것은 축복이었습니다. 또 그림에
       '오래도록 서로 잊지 말자'는 뜻의 '장무상망(長毋相忘)'이
       새겨진 낙관도 찍었어요.

충고   〈세한도〉를 본 청나라의 반응은 어땠나요?

김정희   청나라의 유명 학자 열여섯 명이 감탄하면서 〈세한도〉에 글을
       남겼습니다. 약 가로 70센티미터, 세로 23센티미터인 그림이
       청나라로 건너가 명사 열여섯 명의 감상문이 더해지면서
       총 길이 14미터가 넘는 두루마리 대작이 되었어요. 고마운
       사람들이죠.

충고 〈세한도〉와 관련된 엄청난 이야기가 있다고 들었어요.

김정희 〈세한도〉는 여러 사람을 거치다가 일제 강점기에
경성제국대학에 근무하던 일본인 교수 손에 들어갔습니다.
그 교수는 〈세한도〉에 푹 빠져서 제 예술 세계도 공부했다고
해요. 제2차 세계대전이 심각해지자 일본인 교수는 〈세한도〉를
들고 일본으로 돌아갔어요. 〈세한도〉가 일본에 있다는 소식을
들은 서예가 손재형은 우리 문화재를 지키겠다는 마음으로
일본에 갔습니다. 일본인 교수를 설득하지만 쉽지 않았어요.
손재형은 한 달 넘게 매달렸고, 그 열정에 감동한 일본인
교수는 결국 손재형에게 〈세한도〉를 넘겼습니다.
그때 손재형이 〈세한도〉를 한국으로 가져오지 않았다면
〈세한도〉는 지금 세상에서 사라졌을 겁니다. 열흘 뒤, 일본인
교수 집에 폭탄이 떨어져 불이 났거든요.

충고 정말 감동적인 이야기입니다. 〈세한도〉는 제주도에서 시작해
중국의 북경, 조선의 경성, 일본의 동경을 거쳐 다시 경성으로
돌아왔군요. 그만큼 〈세한도〉가 걸작이라는 뜻이겠죠.
2020년에 반가운 소식을 들었습니다. 손창근 선생이 소유하고
있던 〈세한도〉를 국립중앙박물관에 기증을 했어요. 문화를
사랑하는 이런 분들이 우리나라를 지키는 힘이고 문화 한류의
원동력이라고 생각합니다.

유배의
의미

충고   유배와 작품 세계가 아주 밀접하게 연관되어 있네요.

김정희   제주에서 유배살이를 하지 않았다면 〈세한도〉를 그릴 수
없었어요. 기나긴 유배 생활을 견디며 나를 돌아보았고 덕분에
젊은 시절의 자만이 사라졌습니다. 유배의 시간이 없었다면
좋은 작품을 남기지 못했을 테고, 200여 년이 흐른 지금 저를
기억하는 사람은 없을 겁니다.

충고   정말 겸손한 말씀입니다.

김정희   저도 유배 이후 제가 변했다는 것을 알았습니다. 유배가
끝나고 한양으로 올라가다가 정읍에 들렀어요. 제가
무시하듯 평가했던 창암 이삼만 선생을 뵙기 위해서였죠.
선생이 이미 고인이 된 터라 선생의 묘에 술을 올리고,
'명필창암완산이공삼만지묘'라는 묘비명을 남기고 왔습니다.
또한 제가 비판했던 원교 이광사 선생의 '대웅보전' 현판도
다시 달 것을 정중하게 요청했어요.

충고   유배를 다녀왔다고 모두 선생님처럼 변화하지는 않겠죠?

김정희   어려움을 겪으면서 세상을 탓하고 자학하는 사람도 있을
겁니다. 하지만 슬퍼하고 주저앉기보다는 그 어려움에서
의미를 찾아야 성숙하겠죠.

행복은
가족과 함께
김치찌개를 먹는 것

충고 유배가 끝나고 제주도를 떠날 때 어떤 마음이었나요?

김정희 성리학자들은 불교와 민간신앙을 무시했어요. 그런데 저는
8년간의 유배가 끝나고 제주도를 떠나기 위해 배를 타기 전,
바다에서 풍랑을 맞아 배가 침몰할까 두려워서 포구에 있던
동자상 앞에 머리를 조아리며 기도했습니다.

유배 생활을 하면서 금수저 시절에 눈치 채지 못한, 외면한
마음속 진심과 마주할 수 있었습니다. 아무리 잘났다고 해도
결국 저 또한 나약한 인간이었어요.

어딘가에 의지하고 싶었습니다. 그런 마음이 바로 종교를 있게
하겠죠. 인간이 존재하는 동안 종교는 살아남을 거예요.

충고 유배가 끝난 이후 삶을 짧게 이야기해 주시겠어요?

김정희 함경남도 북청으로 한 번 더 귀양을 갔어요. 고단한 삶을
살다가 과천 초당으로 돌아왔습니다.

힘든 시간을 겪고 얻은 깨달음이 하나 있습니다. 행복은
온 가족이 둘러앉아 생강을 넣은 김치찌개를 맛있게 먹는
것이에요. 여러분께 묻고 싶습니다. 행복이 지금 내 곁에
있는데, 혹시 모르고 살고 있지는 않나요?

젊은 날에는 영원히 권력을 갖고 살 줄 알았습니다. 그런데 인생이 길더라고요. 귀양살이를 하게 되리라는 생각은 못 했죠.

요즘 청소년은 대부분 수능과 대학 입학만 바라보고 살 텐데요. 사실 그 이후가 더 중요하잖아요. 수능 이후의 삶을 생각한다면 청소년 시기를 조금 다르게 보낼 수 있을 겁니다. 여러분은 너무 젊어요. 그러니 힘들다고 포기하지 말아요. 젊을 때 잘나간다고 어깨에 힘주면서 다른 사람을 무시해도 안 됩니다!

충고 정말 멋진 말씀으로 이 시간을 마무리해 주셨습니다.
간결하지만 강렬한 선생님의 행복론, 마음에 깊이 담겠습니다.
다음은 Q&A 시간입니다. 역시 예술에 관한 질문이 많네요.

Q&A
∶ 그것에 답해 드림

근자감 그림을 잘 그리고 싶은데 미술에 재능이 없는 것 같아요.
공모전에서 계속 탈락해서 자신감도 바닥입니다. 이런
상황에서 미술을 계속해야 할까요?

김정희 어려운 질문이네요. 그림은 솔직히 재능이 있어야 하지만 노력하면 어느 정도 재능이 생기기도 합니다. 사람들은 제가 타고난 예술가라고 하는데 저도 엄청 노력했어요. 제 입으로 말하기 좀 머쓱하지만, 제가 하도 연습을 많이 해서 벼루 아홉 개를 구멍 냈다는 이야기 들어 보셨죠?

처음에 실력이 부족하더라도 꾸준히 하다 보면 실력은 늘어요. 그 원동력은 그 일을 정말 좋아하는 자세입니다. 좋아해야 더 잘하려고 고민하고 연구하죠. 그렇게 성장하는 겁니다.

돈과 명예를 먼저 생각한다면, 쉽게 그것을 얻지 못해 지쳐요. 그러면 있던 재능마저 서서히 사라집니다. 세상에 재능 있는 사람도 많지만, 노력하지 않아서 그 재능이 사라진 사람도 참 많아요. 좋아하는 마음과 노력이 재능이라고 생각해요.

한 가지 덧붙이자면, 자신에게 정말 잘 맞는 분야를 선택해야 합니다. 제가 그림이나 서예가 아니라 노래에 몰입했다면 과연 지금 추사 김정희를 기억하는 사람이 있을까요? 소설에 적합한 사람이 시를 쓰거나, 연출에 적합한 사람이 연기를 한다면 아무리 노력해도 빛을 보기 힘듭니다. 자신의 성향을 파악하고 그에 맞는 분야를 잘 찾아야 해요.

레알 프렌드 역관 이상적 님과의 우정이 참 아름답습니다. 저는 사람들과 금방 친해지는 성격이 아니라서 친구가 많은 애들이 부러워요. 어떻게 하면 친구를 잘 사귈까요?

김정희 청소년기에는 주변에 친구가 많으면 부러울 수 있습니다. 저도 귀양을 가기 전에는 그렇게 생각했는데, 막상 어려움을 겪고 보니 힘들다고 털어놓을 수 있는 친구는 많지 않더라고요. 레알프렌드 님이 아플 때 병실에 찾아와서 가족 대신 간호해 줄 만한 친구 한 명만 있어도 충분합니다.

SNS 팔로워나 휴대전화 전화번호부에 친구들 번호가 많아도 그중 고민을 털어놓을 수 있는 사람은 몇 명이나 될까요? 사람들은 진정한 친구가 없다고 하소연하는데, 정작 자신은 다른 사람에게 진정한 친구인지 생각해 봐야 해요. 친구가 정말 힘들 때 내가 먼저 진심으로 손을 내밀 수 있는지 말입니다. 자기가 먼저 진심으로 다가가야 상대방도 마음을 열죠. 자신은 도움을 안 주면서 친구들이 도와주기를 바란다면 좋은 관계가 될까요?

만약 나는 진심으로 도와주는데 친구는 일방적으로 받기만 한다면 서운하다고 솔직하게 이야기를 해야 건강한 관계가 됩니다. 친구 관계는 서로 노력해야 해요. 물론 세상의 모든 인간관계가 그렇겠죠!

귀양살이가 남긴
유산

조선 시대에 귀양을 간 학자가 참 많아.

정조가 승하하고 천주교를 탄압하는 신유박해가 일어나면서 실학자 다산 정약용 형제도 시련을 겪어. 다른 형제들은 극형에 처해져 세상을 떠났고, 살아남은 둘째 형 정약전과 동생 정약용은 귀양을 가.

한양을 떠난 두 사람은 1801년 11월 21일 나주 율정점에 도착해 주막에서 하룻밤을 묵어. 그다음 날 정약용은 강진으로, 정약전은 흑산도로 떠나며 다시 만나기를 약속하지. 하지만 형제는 죽을 때까지 다시는 만날 수 없었어.

정약용은 자신이 살고 있는 군현을 자유롭게 돌아다닐 수 있는 '주군안치'를, 그의 형인 정약전은 육지로부터 멀리 떨어진 섬으로 유배를 가는 '절도안치'에 처해졌어.

흑산도는 당시 무시무시한 유배지였다고 해. 그곳에서 정약전은 《자산어보》라는 책을 쓰는데, 책머리에 "흑산이란 이름이 멀고 어두운 것을 뜻해 무서웠다"라고 적기도 했어.

형과 편지를 주고받았던 정약용도 "흑산이라는 이름이 으스스하여 그렇게 부르지 못하고 자산으로 고쳐 썼는데, 자(玆)란 검다는 뜻"이라고 했지.

한편《자산어보》는 물고기, 오징어 등 수십 종류의 해양 생물의 이름, 특성, 맛, 어법 등을 기록한 우리나라에서 가장 오래된 수산학 연구서로 평가받아.

삼면이 바다인 조선에서 바다는 백성들의 삶의 터전이고, 무한한 자원의 보고야. 지금도 해양 강국이 세계 패권을 장악하잖아. 정약전은 일찍부터 바다의 중요성을 깨달은 거야. 그만큼 정약전은 동생 정약용만큼이나 위대한 실학자였지.

정약용도 강진에서 18년 동안 유배 생활을 하면서 여러 책을 썼어. 국가 권력과 관리의 횡포에 힘들어하는 백성들을 보면서《목민심서》를 썼고, 국가 개혁안을 담은《경세유표》를 지었지.

훗날 고향집인 여유당으로 돌아와서는《흠흠신서》라는 형법서를 쓰기도 해. 그 외의 방대한 저작들을 묶은《여유당전서》는 조선 후기 실학의 꽃으로 평가받아.

《경세유표》를 보면 이 책을 쓴 이유가 나와.

"백 가지 제도가 무너져 일이 어수선하게 되었다. 터럭 한 끝에 이르기까지 병들지 않은 것이 없으니 지금에 와서 개혁하지 않는다면 반드시 나라를 망치고 말 것이다."

중앙 정치계를 벗어나 멀리 귀양을 간 정약용은 백성들의 어려운 삶을 곁에서 지켜보며 조선 사회의 문제를 절실하게 깨달은 거야.

열심히 농사를 지어도 가난의 굴레에서 벗어날 수 없어 고향을 버리고 떠도는 백성들을 목격하고 정약용은 ＜전론＞에서 문제를 제기했어.

"오늘날 부호와 지주들이 멋대로 토지를 겸병하여(합치어 가짐), 나라가 거두는 세금 이외에 사사로이 토지에 조세를 받고 있습니다."

정약용은 가난한 백성을 위해 국가가 과감하게 개혁을 해야 한다고 주장한 거야. ＜전론＞은 경제 양극화가 심각해지는 요즘 정치인들이 읽으면 좋은 책이야.

정약용을 비롯해 유배를 간 많은 학자가 유배지에서도 세상과 소통하려고 노력하며 기록을 남겼어. 그들이 남긴 명작에는 그만큼 간절한 목소리가 담겨 있어서 세월의 풍파를 견디고 지금까지 우리에게 뜨거운 감동을 전하고 있어.

신사임당

"나는 거부합니다, 슈퍼우먼을"

1504년(연산군 10) ~ 1551년(명종 6)

조선 시대에 그림, 시, 서예 등 여러 방면에서 주목받은 예술가. 남편이 올바른 길을 갈 수 있도록 적극적으로 조언하고, 율곡 이이 등 자녀 교육에도 힘썼다. 지금까지는 뛰어난 예술적 성취보다 현모양처 모습을 더 주목했지만, 이제 재평가해야 할 때다.

화폐에는 그 나라를 대표하는 상징을 그려 넣습니다. 우리나라 동전과 지폐에는 어떤 그림이 있는지 기억하나요? 카드만 써서 은행 로고만 떠오른다고요? 현금이 사라지는 사회가 정말 가까이 다가온 듯합니다. 그래도 우리나라 화폐에 어떤 그림이 있는지 정도는 상식으로 알아 두면 좋아요.

동전 1원에는 무궁화, 5원에는 거북선, 10원에는 다보탑, 50원에는 벼 이삭, 100원에는 이순신 장군, 500원에는 두루미가 들어갑니다.

지폐에는 인물이 들어가죠. 우리나라 화폐에 들어가는 인물의 표준 영정 제도는 1973년에 시작되었어요. 1,000원권에는 퇴계 이황, 5,000원권에는 율곡 이이, 1만 원권에는 세종을 그렸습니다. 눈치 챘겠지만 모두 남자예요. 2009년에 나온 5만 원권에 신사임당이 들어가면서 처음으로 화폐에 여성이 등장합니다.

그런데 5만 원권에 들어가는 인물로 신사임당을 선정했을 때 반대하는 의견이 제법 많았어요. 선정 이유가 문제였습니다.

예술가로서 신사임당의 삶을 주목하기보다 자녀를 잘 길러 낸 어머니, 즉 현모양처의 모습을 높이 평가했기 때문인데요. 여성을 집안 살림과 육아를 잘해야 하는 존재로 보는 시각이 반영된 결과입니다. 여러분은 신사임당 하면 어떤 모습이 먼저 떠오르나요?

오늘 신사임당 선생님을 모시고 우리가 잘못 알고 있는 사실은 무엇인지 함께 이야기해 보겠습니다.

난 현모양처가 아니야!

신사임당 안녕하세요, 신사임당입니다. 인터뷰 제안을 받고 반드시, 기필코, 무조건, 꼭 출연해야겠다고 다짐했습니다. 아직도 저를 현모양처, 그러니까 자녀 교육에 최선을 다한 인자한 어머니이자 남편을 뒷바라지한 착한 아내라고 생각하는데요. 그 부분을 바로잡고 싶습니다.

충고 1970~1980년대에는 현모양처가 꿈이라는 여성이 많았어요. 그때 여성들에게 신사임당 선생님은 롤모델이었죠. 그런 생각을 반영해 5만 원권 지폐에 선생님의 초상이 들어갔다고도 합니다.

신사임당 상당히 부담스러운 시선입니다. 조선 시대에는 현모양처라는 말이 없었어요. '현모'는 지금과 같은 의미이지만, '양처'는 천민 신분인 남성과 결혼한 양인 여성이라는 뜻이었어요. 살아 있을 때는 현모양처라고 부르는 사람이 없었는데, 어느 날 갑자기 제가 현모양처의 대명사가 되어 있더군요.

여자도 재산 상속을 받았다고?

충고 하고 싶은 말씀이 무척 많은 것 같아요. 하나하나 풀어가 보겠습니다. 먼저 선생님이 살던 당시 조선 사회의 분위기는 어땠나요? 조선은 남녀 차별이 엄청났다고 하잖아요.

신사임당 고려가 망하고 조선이 건국되면서 성리학은 조선 사회의 중심이 되죠. 고려 시대까지 융성했던 불교가 힘을 잃었을 것 같지만 그렇지 않았어요. 세종과 세조도 독실한 불교 신자였으니까요. 또한 종교, 장례, 제사는 쉽게 변하지 않는 풍습이라서 갑자기 바꾸라고 하면 백성들이 강하게 반발합니다.

고려 시대에는 여성도 재산을 상속받고, 혼인한 딸도 친정 부모의 제사를 지냈어요. 이러한 문화는 조선 전기까지 이어졌습니다. 제가 살던 시절이 딱 그랬어요. 친정 부모님은 한양 한복판인 종로 수진방(현재 종로구 청진동 일대)에 기와집이 있었는데, 외손자인 율곡에게 제사를 받들라는 조건으로 그

집을 물려주셨어요.

결혼 풍습도 지금과 사뭇 달랐어요. 처갓집에 남편이 와서 살면서 자녀를 낳고 그 자녀가 성장하면 시댁으로 떠났답니다. 남자가 결혼하면 흔히 '장가든다'고 하는데, 그 말이 그때 생겼어요. 장인 장모가 사는 집인 장가로 들어간다는 뜻이죠.

충고　그럼 어쩌다 혼례 문화가 바뀌었죠?

신사임당　임진왜란이 참 중요한 사건입니다. 왜란 전후로 조선의 사회 문화가 완전히 달라져요. 임진왜란 이후 명나라도 망하고 일본도 정권이 교체되는데, 전쟁터였던 조선만 멀쩡하게 유지됩니다. 참 신기한 일이죠. 생각해 보면 나라의 시스템이 바뀐 덕분에 버틴 거예요.

조선을 지탱한 성리학적 질서

충고　나라의 시스템이 어떻게 바뀌었나요?

신사임당　성리학적 질서가 본격적으로 조선의 정치, 사회, 문화 전반에 자리 잡았습니다. 조선 건국과 함께 지배층은 유교 질서에 따라 군사부일체를 강조했어요. 쉽게 말해 백성은 왕에게 충성하라는 말이에요. 그런데 임진왜란이 일어나면서 선조를 비롯한 양반들이 자기만 살겠다고 도성을 버리고 도망칩니다.

그 모습을 본 백성들은 충격 그 자체였죠.

임진왜란 이후 지배층은 백성들을 어떻게 장악할까 고민합니다. 그 방법으로 성리학적 명분론과 예학을 중시하며 신분제를 유지해요. 그리고 남녀의 역할을 분명히 구분하면서 여성을 차별합니다.

충고 신사임당 선생님께서는 임진왜란 전에 태어나셨으니 사회적 분위기가 그보다는 자유로웠나요?

신사임당 임진왜란 전부터 성리학이 조금씩 자리 잡으면서 혼인 문화가 바뀌고 있었지만, 여전히 남편이 처가에 와서 자식이 클 때까지 사는 일이 많았어요. 제 남편 이원수도 친정인 강릉 오죽헌에 와서 살았습니다.

가정환경이 중요해

충고 어린 시절을 어떻게 보내셨을지 궁금합니다.

신사임당 명문가인 풍산 신씨로 태어나 부유하게 자랐습니다. 외가도 넉넉했어요. 강릉의 대표 유적지인 오죽헌도 외가에서 아버지에게 준 겁니다.

저희 집안은 딸만 다섯인 딸 부잣집입니다. 아들이 없다 보니 양반집 아들이 누리는 혜택을 제가 다 받았어요. 아버지께

147

글을 배웠고, 그림도 열심히 그렸어요. 남자 형제가 있었다면 상황이 달라졌을지도 모르죠. 부모를 비롯해 가정환경은 한 사람의 삶에 큰 영향을 끼치니까요.

지금도 그림을 전공하려면 집안이 경제적으로 여유로워야 하는데, 그때는 더 했습니다. 종이와 먹 등 재료가 아주 비싸서 구하기 어려웠어요. 무엇보다 시간이 있어야 공부도 하고 그림도 그리죠. 가난하면 일하느라 시간을 내기 힘듭니다.

충고 선생님께서는 부족함 없이 성장하신 듯하네요. 그럼 시댁인 남편 이원수 씨의 집안은 어땠나요?

신사임당 솔직히 많이 어려웠어요. 양반이기는 했지만 가난한 집안이었죠. 게다가 남편은 과거에 계속 낙방했는데, 친정아버지는 그 점을 눈여겨보았을 겁니다. 예술가 기질이 있는 제가 능력을 발휘하려면 집중할 시간이 필요한데, 시댁이 경제력이 좋으면 제사를 비롯해 집안일을 도맡아야 하기 때문입니다. 그러면 며느리, 아내, 어머니로서의 삶에 치여 그림을 그리거나 글을 쓰지 못할 게 분명하니 아버지께서 이원수를 남편으로 지목한 거죠.

결혼 후 시댁이 아닌 친정인 오죽헌에서 20년을 산 덕분에 작품 활동을 할 수 있었습니다. 이 부분에서 제가 착한 아내, 즉 양처가 아니라는 거예요. 시댁에 살지 않았으니 시부모님 봉양도 잘했다고 볼 수 없잖아요.

굿바이,
착한 아이 콤플렉스

충고   많은 분이 신사임당을 본명으로 아는 것 같아요.

신사임당   사임당은 당호예요. 조선 시대 여성이 스스로 호를 짓는

일은 드물죠. 호를 짓는다는 것은 자기를 인정하고 정체성을

규정한다는 뜻입니다. 요즘은 온라인에서 직접 닉네임을

짓잖아요. 닉네임을 보면 그 사람의 성격이 엿보이지 않나요?

저는 주나라 문왕의 어머니 태임을 본받고 싶어서, 사모한다는

뜻을 담아 사임이라고 지었습니다. 참고로 태임은 자녀 교육을

잘한 분으로도 유명해요.

충고   사임당이라는 당호에 그런 배경이 있었군요. 선생님께서는

어머니로서 자녀 교육을 훌륭히 해냈지만 예술가로서도

명작을 남겼습니다. 조선 전기 학자인 어숙권은 선생님을

보고 "포도화와 산수화를 잘 그려 이름이 높았고,

안견(〈몽유도원도〉를 그린 조선 전기 화가)에 버금간다"라고

평했어요. 이 밖에도 여러 문인이 앞다퉈서 좋은 평가를

남겼습니다.

신사임당   조선 시대에 여성이 그림을 그리면 취미 생활하는 정도로만

생각했어요. 그런 사회에서 제가 예술가로 인정받은 겁니다.

물론 그들에게 인정받아야 제 작품이 빛나는 것은 절대

아니지만요.

제 노력도 중요했지만 그림을 그릴 수 있는 환경이 큰

역할을 했어요. 그 때문에 저를 비판하는 사람도 있겠죠.

시부모 곁에서 일생을 바쳐 봉양해야 좋은 며느리, 즉 효부로

인정하는 사회에서 저는 그렇게 살지 않았으니까요. 솔직히

그렇게 살기 싫었습니다. 착한 아이 콤플렉스에 시달리며

살고 싶지 않았어요.

자신이 할 수 있는 만큼 최선을 다했으면 된 것 아닐까요?

힘들지만 꾹 참고 모든 일을 해내서 칭찬받겠다는 그 생각,

요즘 말로 슈퍼우먼을 꿈꾸면 몸과 마음이 병듭니다.

시부모님은 알아서 살아갈 수 있고, 저도 제 꿈이 있는데 굳이

제 열정을 깎아 가면서 시부모님을 봉양해야 할까요?

꼭 그렇게 해야 효도인지 의문이 들었습니다.

저는 강릉에서 자식을 잘 길렀고, 예술가로서 제가 하고자

하는 일에 최선을 다했습니다. 두 마리 토끼를 다 잡았어요.

충고 착한 아이 콤플렉스의 가장 큰 문제는 무엇일까요?

신사임당 타인에게 인정받으려는 마음이 바탕에 깔려 있어서 문제죠.

타인의 인정보다 먼저 스스로 자신을 인정해야 합니다.

자존감이라고 하죠!

충고 학교 성적이 좋으면 자존감도 높아질까요?

신사임당 돈이 많고, 성적이 좋고, 외모가 뛰어나 주변에서 부러워해도

자존감 낮은 사람이 많아요. 성적이 높은 학생 중에는 자존감이 낮아서 남들보다 열심히 공부하는 학생도 있습니다. 타인에게 인정받고 싶은 욕망이 큰 거죠. 그런 이유로 열심히 공부하는 학생들은 지치기 쉬워요. 칭찬을 받으려면 계속해서 성적을 올려야 하기 때문입니다.

스스로 자신의 가치를 인정해야 해요. 그러면 성적이 낮아도 웃을 수 있고, 가난해도 부끄럽지 않거든요. 애초에 부끄러운 일도 아니지만요.

착한 아내?
현명한 아내!

충고   남편 이원수 씨는 어떤 사람인가요?

신사임당   뒷담화 하고 싶지 않지만, 역사에 남은 사실을 말할게요. 저는 남편이 과거에만 집중할 수 있도록 집안 살림과 아이들 교육도 챙겼습니다. 하지만 남편은 50세가 넘도록 과거에 불합격해서 조상의 힘을 빌리는 특채인 음서로 하급 관리가 되었어요.

남편은 경제력이 없고 세상 보는 안목도 좋지 않았어요. 과거 급제가 안 되자 가장 힘이 있던 윤원형 일파에 속한 사람을 찾아가 벼슬을 청탁했는데 제가 말렸습니다. 윤원형은 명종의

외삼촌이자 문정왕후 윤씨의 오라비죠.

당당하게 실력을 키워서 시험에 합격해야지 왜 청탁을
합니까? 무엇보다 부정부패를 일삼는 윤원형 세력이 오래가지
못할 것이 뻔히 보이는데, 왜 그들에게 굽실거립니까? 만약
그들을 통해 힘을 얻었다면 패가망신했을 겁니다. 문정왕후가
죽고 나서 윤원형 일당 모두 몰락했으니까요.

제가 세상을 떠난 뒤에 남편은 주막에서 일하는 여자를
첩으로 들여 큰아들과 갈등하기도 합니다. 큰아들과 그 여자가
동갑이었거든요. 제가 첩을 들이지 말라고 생전에 남편에게
여러 번 말했는데 귀담아듣지 않은 겁니다.

유학자가 죽으면 자녀들이 문집도 발간하고 살아온 삶을
행장으로 기록하는데, 셋째 아들인 율곡은 아버지의 행장을
남기지 않았습니다. 아버지와 아들의 모습이 어땠을지
엿보이죠?

충고 남편의 앞날을 걱정하는 모습에서 좋은 아내, 양처의 모습이
엿보여요. 하지만 우리가 흔히 아는 양처, 남편에게 무조건
순종하는 여성은 아닙니다. 할 말은 하는 당당한 여성이에요.
요즘 말로 사이다 캐릭터입니다!

신사임당 어린 시절 자유로운 환경에서 어른들과 가까이 지내서 그런
것 같아요. 만약 부모에게 사랑받지 못하고 위계질서가 분명한
분위기에서 자랐다면 눈치를 보느라 자존감이 떨어졌겠죠.

제 뜻을 잘 표현하지 못했을 겁니다. 하고 싶은 말을 참다 보면 화병이 생기는데, 화병은 우리나라에만 있다죠? 왜 그런지 그 이유를 한번 생각해 보면 좋겠습니다.

충고 선생님과 이야기하면서 지금까지 알던 선생님의 모습과 전혀 다른 모습을 알게 되었습니다. 그런데 왜 오늘날 선생님은 현모양처 이미지가 부각되었을까요?

신사임당 임진왜란 이후 성리학적 질서로 사회가 재편되면서 그에 맞는 여성상을 홍보해야 했어요. 그즈음 서인이 정권을 잡았는데 서인 대다수가 제 아들 율곡의 제자들이다 보니, 율곡을 키워낸 저를 현모의 상징으로 부각한 겁니다. 그러면서 여성은 집에서 자녀를 잘 키우고 남편을 잘 섬겨야 한다고 강조했어요.

충고 그럼 현모양처라는 말은 언제 생긴 건가요?

신사임당 일제 강점기 일본에서 여성의 역할을 '양처현모'로 규정했어요. 여성은 남편한테 순종하고, 집안일을 잘하고, 출산해서 아이들을 잘 챙겨야 한다고요.
양처현모가 우리나라에서는 현모양처가 되었고, 1970년대 산업화 시대에 여성상으로 떠올랐습니다. 남자는 산업 현장에 나가 일하고 여성은 집 안에서 육아와 가사를 책임져야 한다는 생각이 퍼지면서 여성의 사회적 역할이 축소되었어요.
이제 여성도 사회 진출을 하고, 당당하게 자기 목소리를 내면서 여성이 아니라 한 사람으로서 인정받는 시대입니다.
그런데 아직도 저를 현모양처 선구자로 보니 안타까워요.

완벽주의자보다
최선주의자

충고 선생님을 조선 시대를 대표하는 워킹맘이라고 하면 어떤가요?

신사임당 워킹맘이라는 말이 싫어요. 워킹대디라는 말은 쓰지 않잖아요.
또 남자한테 "직장 생활하면서 어떻게 육아를 해?"라는 질문은
하지 않는데, 여자들은 그런 질문을 숱하게 듣습니다. 육아의
일차적인 책임이 여성, 즉 엄마에게 있다는 생각 때문입니다.
또 남자가 집안일을 하면, 집안일을 돕는다고 칭찬받는데요.
그 말도 잘못됐죠. 집안일은 여자 몫이라는 전제가 깔려
있어서 남자가 집안일을 돕는다고 칭찬하는 거예요. 집안일은
당연히 남녀가 함께하는 것입니다.

충고 옳은 지적입니다. 요즘은 남성들도 육아 휴직을 하고 아이를
돌보잖아요.

신사임당 여전히 남자가 휴직해서 집에서 육아를 한다고 하면 안 좋게
보는 시선이 있어요. 육아나 집안일은 성별을 떠나서 적성에
맞는 사람이 하면 되는데 말이죠.
그래서 저는 슈퍼우먼이라는 말도 싫어합니다. 직장일과 육아

모두 잘하는 슈퍼우먼 중에는 완벽주의자도 많아요. 모두 잘해 내고 싶지만 스트레스는 엄청날 테죠. 스트레스가 쌓이다 보면 빈틈이 생기고, 그럼 또 자책하고, 좌절하고, 상처받게 됩니다. 이제 완벽주의자보다 최선주의자가 되면 어떨까요? 정말 최선을 다했다고 스스로 인정하면 실패하더라도 후회가 없고, 앞으로 더 열심히 하는 발판이 되거든요.

충고 좋은 말씀 감사합니다. 완벽주의자보다 최선주의자가 되자! 신사임당 선생님을 모시고 지금 우리 사회의 잘못된 고정관념을 돌아보았습니다. 선생님의 '찐' 캐릭터도 만날 수 있었어요. 말씀을 듣고 나니 얼음이 가득 든 사이다를 마신 듯 속이 후련합니다.
청소년 구독자분들의 질문이 많습니다. 좋은 말씀 부탁드릴게요!

Q&A
: 그것에 답해 드림

도전극뿍 우리 집은 신사임당 선생님이 살던 시절보다 더 남녀 차별이 심해요! 시험 기간에도 집안일은 무조건 딸인 제가 해야 하고, 남동생이 할 일을 저한테 시키기도 합니다. 삼대독자 어쩌고

하면서 남동생은 게임하며 놀기 바빠요. 또 엄마는 남동생이
친구들과 어울려 다니면서 큰 잘못을 해도 혼내지 않고, 나쁜
친구들 탓이라며 두둔합니다. 형편도 어려운데 남동생은
학원도 다녀요. 성적은 오르지도 않지만! 저는 문제집을
사려고 해도 눈치가 보입니다.

신사임당 남동생을 향한 엄마의 사랑은 계속될 거예요. 안타깝지만
사람은 잘 변하지 않거든요. 그래도 포기하지 마세요. 엄마와
분위기가 좋을 때 차분하게 아들과 딸의 차별 문제를 다룬
신문 기사나 영상 등을 함께 보며 허심탄회하게 이야기를 나눠
보세요. 인터넷 검색만 해도 부모의 무조건적인 사랑이 자녀를
자립심 없는 성향으로 자라게 했다는 이야기가 참 많아요.
주위에 비슷한 사례가 있다면 알려 주세요. 엄마가 자기 태도를
객관적으로 봐야 조금이라도 변화할 수 있습니다.

동생과도 맛있는 음식을 먹으며 좋은 분위기에서 이야기를
나눠 보세요. 동생이 변해야 엄마도 바뀝니다. 어쩌면 동생도
엄마의 사랑을 억압으로 느낄 수 있어요.

도전극뿍 님께 묻고 싶어요. 혹시 집안일을 열심히 하고
동생을 잘 챙겼을 때 듣는 칭찬이 좋아서 그 일들을
계속하지는 않았나요? 그렇다면 자신의 태도를 돌아보세요.
동생이 자기 일을 스스로 하도록 거리 두기를 해야 합니다.
그렇지 않으면 성인이 되어서도 동생 일을 떠맡게 되겠죠.

건강하지 않은 가족 관계입니다. 시간이 걸리더라도 서로를 위해 노력이 필요합니다.

안착해 착한 아이 콤플렉스가 심해서 친구들 부탁을 잘 거절하지 못합니다. 얼마 전에도 학교에서 조별 과제를 도맡아 하느라 고생했는데, 노력을 인정받지도 못했어요.

신사임당 힘들면 거절해야 해요. 매번 부탁을 들어주다 보면 고마워하지 않고, 더 많은 부탁으로 이어집니다. '이 사람은 쉽게 거절 못하겠지?' 이렇게 생각하게 되거든요. 그러다가 한 번 거절하면 예전에 도와준 것은 다 잊고 화를 내겠죠. 매번 도와주다가 한 번 거절하면 욕을 먹고, 매번 거절하다가 한 번 도와주면 칭찬을 받아요. 만약 거절했다고 괴롭히면 두려워하지 말고 꼭 선생님에게 말하세요. 그건 폭력입니다. 거절한 사람의 잘못이 아니에요.

안착해 님의 질문을 보니 다른 사람들한테 인정받고자 하는 마음이 강해 보여요. 타인의 인정은 사실 그렇게 중요하지 않습니다. 내가 거절하면 사람들이 나를 흉보지 않을까 걱정되나요? 의외로 사람들은 타인에게 그렇게 관심이 많지 않습니다. 안착해 님도 같은 반 친구 모두에게 관심을 갖지는 않잖아요.

타인의 일을 대신 하느라 스트레스 받을 시간에 자신이 정말 좋아하는 일을 찾으세요. 그리고 그 일에 몰입하세요. 그렇게 자존감을 키우면 자연스럽게 타인의 시선에서 벗어날 수 있습니다. 친구 부탁을 거절하다 보면 곁에 남는 사람이 없을까 봐 고민할 수 있어요. 하지만 부탁만 하는 사람은 친구로 둘 필요가 없으니 아쉬워하지 마세요.

그리고 혼자 있어도 행복하고 만족스러운 취미를 찾으세요. 취미 활동을 하다 보면 정말 소통할 수 있는 사람이 생기기 마련입니다. 취미가 없다고요? 취미를 찾는 노력도 안 하려고요? 웹툰 보기를 좋아하면 인터넷 커뮤니티에 가입하세요. 활동하면서 자연스레 친구가 생기겠죠? 마음을 열 수 있는 친구 한 명이 그렇지 않은 친구 열 명보다 더 소중합니다.

조선 후기 여성의 삶

조선 전기와 후기 여성의 삶은 많이 달라. 조선 전기에는 고려의 문화가 이어져서 여성도 지위를 인정받았어.

고려 때부터 조선 전기까지는 아들과 딸 구분 없이 재산을 물려주었거든. 그래서 딸도 결혼 후에 친정 제사를 지내야 했지. '윤행봉사'라는 말이 있는데, 남자와 여자를 비롯해 모든 자손이 차별 없이 돌아가며 조상의 제사를 지내는 풍습이야. 또 여성이 한 집안의 대표인 호주가 될 수 있고, 이혼과 재혼도 자유로웠어.

조선 중기 이후로 이러한 문화가 바뀌기 시작해. 큰아들 중심이 되지. 집안에 딸이 아무리 많아도 아들이 없으면 양자를 들여 재산을 상속하고 제사를 지내게 했어. 지금도 모든 제사를 큰아들이 지내는 집이 있지?

결혼 풍습도 지금과 많이 달랐어. 조선 전기에는 결혼 후 남자가 처가에 들어가 살면서 자녀를 낳아 양육하다가 친가로 들어갔어. 조선 전기의 학자 김종직과 남명 조식도 외가에서 태어났고, 결혼하고서는 처가에서 살았다고 해.

이처럼 조선 전기까지 여성은 딸의 정체성이 강했지만, 후기로 가면서 며느리 역할이 강조돼. 따라서 결혼 후 여성이 시댁에 가서 사는 풍습으로 바뀌었어. 고된 시집살이의 역사가 시작되었지.

'출가외인'이라는 말 들어 봤어? 딸이 시집을 가면 친정 밖의 사람, 즉 남이라는 뜻이야. 쉽게 말해 시댁에서 며느리 역할에 충실하라는 말이지.

또 '칠거지악'이라는 제도가 있었어. 말 그대로 아내를 내쫓을 수 있는 일곱 가지 행동을 규정한 거야. 시부모를 정성껏 봉양하지 않거나, 아들을 낳지 못하거나, 남편의 첩을 질투하는 등 일곱 가지 중 하나만 어겨도 아내를 집안에서 쫓아낼 수 있었어. 조선 전기와 다르게 분위기가 살벌하지?

'삼종지도'도 빼놓을 수 없어. 여성은 세 가지 도리를 지켜야 한다고 정한 거야. 어릴 때는 아버지를, 결혼해서는 남편을, 남편이 죽으면 아들을 따라야 한다고 했지. 이러한 사회 분위기에서 여성이 재혼하기는 어려웠어. 만약 재혼을 하면 그 자손은 과거를 볼 수 없게 했어.

반대로 남편이 죽었을 때 따라 죽는 여성은 열녀라고 높이 평가했어. 나라에서 열녀문을 세워 주고, 아들이 과거를 볼 때 특혜를 줬지. 그러다 보니 집 안에서 여성을 살해하고, 정절을 지키려고 스스로 목숨을 끊었다고 거짓말하기도 했어.

임진왜란 이후 편찬된《동국신속삼강행실도》에 나오는 열녀 이야기를 보면, 조선 사회가 여성에게 얼마나 가혹했는지 알 수 있어.

그로부터 한참 시간이 흐른 지금 21세기 여성의 삶은 어떻게 바뀌었을까? 세상이 많이 변했다지만, 아직도 여성에게 아내와 며느리의 역할을 강요하는 분위기가 남아 있잖아. 시대 흐름에 맞춰 바뀌어야겠지?

김금원

"집 떠나면 고생? 고생하려고 떠나는 거죠"

1817년(순조 17) ~ ?

강원도 원주에서 태어나 어릴 때부터 시를 잘 썼다. 14세 때 남장을 하고 제천, 단양, 금강산을 거쳐 한양까지 혼자 여행을 다녀와서 훗날 《호동서락기》를 남겼다. 또한 기생 출신 지인들과 시 동인 '삼호정시사'를 만들어 활발하게 활동했다. 안타깝게도 언제 세상을 떠났는지는 기록이 없다.

여행 좋아하세요? 수십 명이 함께 버스를 타고 유명 관광지에 가서
잠깐 둘러보고 사진 찍고 다시 버스에 올라 다음 관광지로 이동하는
단체 훈련 같은 관광 말고, 혼자 떠나는 여행!

혼자 가면 심심해서 싫다고요? 외국은 말도 안 통하고 겁나서 혼자는
못 간다고요?

조선 후기, 혼자서 긴 시간 여행을 떠났다 돌아온 열네 살 소녀가
있다면 믿겠어요? 그때는 지금처럼 교통수단이 발달하지 않아서
온종일 두 발로 걸어야 했고, 숙박 시설도 마땅치 않아서 밖에서 자야
할 때도 있었습니다. 당연히 식당도 찾기 힘드니 굶기도 했겠죠?

그 소녀가 가출했냐고요? 부모님에게 허락받고 당당하게 떠났습니다.
청소년의 여행을 허락한 부모님의 배포가 더 대단하다고요?

우스갯소리로 집 떠나면 고생이라고 하잖아요. 열네 살 소녀의 여행은
그야말로 고생 그 자체가 아니었을까 싶습니다. 이 무모해 보이는
여행을 기획하고 실천한 그분을 모시고 이야기를 들어 보겠습니다.

집 떠나면 고생? 고생하려고 떠나는 거죠 김금원

청소년기에 한 여행이니 10대 여러분에게 특히 도움이 되는
시간이겠죠?
시인이자 여행가, 그리고 요즘 직업으로는 여행 작가라고 할 수 있는
김금원 작가님을 소개합니다.

남장을
하다

김금원　안녕하세요. 저를 아는 분은 거의 없을 겁니다. 저에 관한
　　　　흥미로운 사실을 하나 알려 드릴게요. 저는 열네 살 때 남자
　　　　옷을 걸치고 혼자 여행을 떠난 사람입니다.
　　　　여행기 《호동서락기》를 쓴 덕분에 제 이름을 기억하는 분들도
　　　　있네요. 만약 책을 남기지 않았다면 누가 저를 기억할까요.
　　　　역시 책의 힘, 나아가 글의 힘은 강력합니다.

충고　　《호동서락기》를 보면 이런 구절이 나옵니다.
　　　　"지나간 일도 스쳐 지나가면 눈 깜짝할 사이의 한바탕 꿈이니,
　　　　글로 전하지 않으면 누가 김금원을 기억하겠는가."
　　　　일찍이 글쓰기의 중요성을 간파하셨군요.
　　　　작가님은 1830년(순조 30), 14세의 나이로 전국을 누비며
　　　　여행을 했습니다. 그런데 왜 남장을 했나요?

김금원　조선 시대에는 열다섯 살이 되면 성인으로 인정받았어요.

그래서 여자는 보통 그 나이에 결혼을 했습니다. 저는
어머니를 따라 기생이 되어야 했으니 열네 살이 꿈을 꿀 수
있는 마지막 기회였어요.

남장을 한 까닭은 여성이 여행을 하다가 적발되면
처벌받는다는 조항이 조선의 법전인《경국대전》에 있기
때문입니다.

"사족의 부녀로서 산간이나 물가에서 잔치를 즐기는 자는 장
100대에 처한다."

무시무시하죠? 그만큼 여자가 마을을 벗어나기는 어려웠어요.
그래서 남자 옷을 입은 겁니다. 다른 이유도 있었어요. 치안이
안 좋아서 여자 혼자 여행을 떠났을 때 생길 문제를 미리 막고
싶었습니다.

사실 남장도 쉽지 않은 결정이었어요. 들켜서 첩자로
오해받기라도 하면 죽을 수도 있었습니다.

열네 살의 여행은 목숨을 건 도전이었어요. 지금도 미성년자가
집을 떠나 혼자 한 달 동안 여행을 하겠다고 하면 어른들이
엄청 반대하겠죠?

좋은 소설이 지닌
강력한 힘

충고 이제 본격적으로 김금원 작가님의 삶으로 들어가 볼게요. 어린
시절을 어떻게 보내셨나요?

김금원 아버지는 몰락한 양반이었어요. 경제적으로 어려웠지만
다행히 아버지는 우리 자매를 잘 챙겨 주셨죠. 책도 많이
읽게 해서 저는 일찍이 유교 경전을 비롯해 다양한 서적을
섭렵했습니다.

어머니는 기생 출신이에요. 제 삶이 어땠을지 딱 보이죠?
어머니를 따라 기생이 되어야 하는 운명이었습니다.
여동생 경춘은 동생이면서 가장 든든한 글벗이었어요.
글 쓰기를 좋아했던 기각 고모는 늘 제게 편지로 바깥세상
이야기를 들려주었습니다. 고모는 남녀 차별이 심해서
여성이 재주를 펼칠 수 없다고 한탄하면서도 좌절하지 말고
도전하라고 격려해 주었어요.

충고 어릴 때부터 집안 분위기가 남달랐네요! 역시 가정환경은
성장에 큰 영향을 끼치는군요.

김금원 어머니께서 독서를 즐겼어요.
그즈음 상공업이 발달하면서 책을 빌려주는 세책점이 많이
생겼고, 재미있는 책을 집에 배달해 주는 책장수인 책쾌도

있었어요. 장터에서 소설을 낭독해서 돈을 버는 전기수도
있었죠. 지금에서 보면 성우나 배우예요. 전기수가 들려주는
이야기에 푹 빠진 사람이 전기수를 주인공으로 착각해 죽이는
일도 생겼답니다.

조선 시대에 소설을 읽는 주 독자층은 여성이었어요. 한글
소설은 여성들로부터 널리 퍼져 나갔습니다. 저도 어머니를
통해 소설에 빠졌어요.

소설 속 여성들은 주체적이고 당당했습니다. 이야기에 몰입해
감탄하고 감동하면서, 소설 속 여성들처럼 살고 싶다는 생각이
들었어요. 더 나은 삶을 꿈꾸게 하는 것이 좋은 소설의 힘
아닐까요?

충고   조선 후기 정조가 소설을 읽지 못하게 했다는 이야기가
떠오르네요.

김금원   소설은 현실을 돌아보게 하잖아요. 그래서 소설을 읽다 보면
현재의 삶이 갑갑해지죠. 현실에서 벗어나려 몸부림치는
사람이 생겨나기 마련입니다. 그런 사람이 많아지면 지배층은
곤란해지니 소설을 읽지 못하게 한 거예요.

요즘도 어떤 어른들은 소설을 소설나부랭이라고 하면서
폄하합니다. 학생이 입시를 앞두고 공부에 집중해야 한다는
거죠. 소설을 읽다 보면 입시 제도, 나아가 사회에 문제가
있다고 생각하게 됩니다.

이렇듯 문학은 비문학보다 더 쉽게 공감을 끌어내요. 예술 작품에는 그 시대 사람들의 열망이 담겨 있으니까요.

저도 소설을 읽으며 그들의 열망에 공감했어요. 저를 가둬 두는 이 세계를 벗어나 새로운 풍경을 보고 싶었습니다. 원주에서만 살면 바다도 볼 수 없잖아요.

출발, 금강산으로!

충고   조선 시대에는 평생 바다를 보지 못한 사람이 많았겠네요. 그런데 왜 하필 금강산을 목적지로 정하셨나요?

김금원   어느 날 금강산 그림을 보았는데 풍경에 반해서 꼭 가보고 싶었어요. 제 삶은 금강산 그림을 본 이후로 완전히 달라졌습니다. 금강산에 가고 싶다는 열망은 제가 처한 여러 한계에서 벗어나겠다는 의지와 같았어요.

충고   부모님의 반대가 심했을 텐데요. 어떻게 설득하셨나요?

김금원   처음에는 엄청 반대하셨죠. 결국 허락해 주셨는데, 아마도 앞으로 제 운명을 알았기 때문일 겁니다. 1년 후 기생이 되어야 했잖아요.

제가 만약 양반 집안에서 태어났다면 상황은 달라졌겠죠. 부모님은 여행을 절대 허락하지 않았을 테고, 애초에 저도 여행을 꿈꾸지 않을 거예요. 그저 조신하게, 사람들 눈 밖에 나지 않으려 노력하며 살지 않았을까요? 결국 환경이 그 사람을 만듭니다.

부모님은 제게 기생이 되기 전 마음껏 세상을 구경할 기회를 준 셈입니다. 기생의 삶을 대물림해서 미안하고, 안타까웠겠죠. 한편으로 어머니는 자신이 경험하지 못한 세상을 딸이 대신 보기를 바랐을지도 몰라요.

충고   그래도 어려운 도전이잖아요. 마음먹기까지 도전하도록 이끈 사람이 있었나요?

김금원   원주 출신 임윤지당 선생님입니다. 선생님은 조선 최초 여성 성리학자예요. 선생님의 삶을 보면서 여자든 남자든, 양반이든 노비든 누구나 도전하고 노력하면 꿈을 이룰 수 있다고 생각했어요.

저는 여자지만 선생님이 있었기에 어린 시절 책을 많이 읽고, 글쓰기도 했습니다. 특히 시를 많이 썼는데, 시를 읽고 쓸 수 없었다면 제 삶은 아주 지루했을 거예요.

임윤지당 선생님의 삶은 제 인생을 바꾸었습니다. 선배의 역할은 이렇게 중요합니다. 선배는 후배의 길잡이예요. 선배가 좋은 길을 보여 주면 후배는 그 길을 따라갑니다.

집 떠나면
고생?

충고   이제 여행 이야기를 해볼 텐데요. 그에 앞서 여행이란
무엇인지 그 의미를 묻고 싶습니다.

김금원   여행은 한자로 '旅行'인데요. 여(旅)에는 '나그네'라는 뜻도
있지만, '군대'라는 뜻도 있습니다. 과거에 여행은 군인들이
함께 떠나는 것이었던 거죠. 즉 전쟁을 의미할 정도로 흔하지
않았습니다.

그때는 숙박 시설이나 식당도 많지 않고, 가는 길에 맹수를
만나거나 산적에게 잡혀 죽을 수 있으니 사람들은 살고 있는
지역을 잘 떠나지 않았어요.

충고   여행이 지금처럼 낭만, 여유, 치유의 시간은 아니었네요.

김금원   그때는 여행을 하려면 목숨을 걸어야 했어요. 저처럼 금강산에
갔지만 돌아오지 못한 사람도 있을 겁니다. 저는 책을 남겨서
사람들이 기억하는 거죠.

여행이 아무리 위험해도 의미하는 바가 큽니다. 익숙함을 떠나
새로움을 접할 기회예요. 견문을 넓히면 자신을 둘러싼 세상을
새로운 눈으로 바라보게 됩니다.

충고   또 다른 의미가 있다면요?

김금원   여행은 성장의 시간이죠. 집에만 있으면 성장할 기회를 만나기

어렵습니다. 어른들의 보호 아래 있으니 극복할 위험도
없으니까요.

사람들의 입으로 전해 내려오는 옛이야기를 들어 보면
공통점이 있어요. 성숙하지 않은 주인공이 집 밖에서 예측
불허한 일을 겪고 극복하면서 다시 집으로 돌아와요. 누구나
저처럼 여행할 수는 없으니 이야기를 통해 간접적으로 낯선
세상을 경험하고자 한 겁니다.

청소년기에 늘 어른의 보호 속에 있으면 마마보이, 마마걸이
되기 쉬워요. 몸이 성숙하고 지식이 많아도 스스로 판단하고
해결하는 힘이 없으면 미성숙한 어른이 됩니다. 그런 어른이
많은 사회는 갈등 해결 능력이 없어서 불행해요.

이제 집 떠나면 고생이라는 말이 달리 들리나요? 여행은
고생하려고 떠나는 겁니다. 책으로 배울 수 없는 많은 것을
직접 겪으며 깨닫는 소중한 시간이에요.

충고   집, 학교, 학원만 오가면 새로운 경험을 하기 어렵죠. 그래서
그저 어른들이 좋다고 말하는 직업을 꿈으로 삼는 청소년이
많은데요. 그런 청소년들이 꼭 들었으면 하는 이야기였습니다.

김금원   여행의 좋은 점은 전부 말하기 어려울 정도예요.
여행 말고도 다양한 경험을 하다 보면 자신의 장점과 단점이
보이거든요. 그렇게 자신의 성격을 파악하면 직업도 잘 선택할
수 있습니다. 하지만 우리나라 교육은 그 과정을 생략한 채

수능 준비만 하게 하니 많은 학생이 적성을 모르는 어른으로
성징하죠.

충고 　경험의 폭이 좁은 우리나라 청소년들이 귀담아들었으면
좋겠습니다. 이어서 작가님께서 여행을 혼자 간 이유도
궁금합니다.

김금원 　여럿이 여행을 가면 대화하느라 주변을 관찰할 시간이 없어요.
그 지역 사람들과 소통할 기회도 없습니다. 그리고 누군가에게
의존해 버릇하면 독립심이 생기지 않습니다. 여행은 가장
고독하면서 즐거운 세상 공부인데, 우리나라에서는 공부를
학교에서만 한다고 생각하죠.
이제 공부의 의미를 다시 생각해야 할 때입니다. 사람들을
만나고 다양한 체험을 하는 것 모두 공부예요. 학교 공부는
극히 일부일 뿐인데 전부라고 확신하고는 하죠. 세상에서
가장 무서운 사람이 책을 많이 읽어서 모르는 게 없다고 믿는
사람입니다. 책과 경험이 적절하게 조화를 이루어야 해요.

충고 　요즘 청소년이 혼자 여행을 가겠다고 하면 우리나라 부모님은
대부분 결사반대할 겁니다. 자녀를 과잉보호하는 부모님도
많아요.

김금원 　어른의 도움 없이 혼자서 여행을 가려고 계획하고 실천에
옮기는 청소년은 훗날 무엇이든 해낼 수 있을 겁니다.
그 자신감이라면 이 세상과 맞서서 이길 수 있어요. 아직

혼자서 떠나기 두렵다면 마음 맞는 친구와 함께하면 됩니다.

여행기를 쓰다, 《호동서락기》

충고　여행 경로가 어떻게 되죠?

김금원　1830년, 열네 살 봄에 출발했습니다. 아직 날이 쌀쌀해서
어머니가 누비 솜옷을 만들어 주었어요. 물론 남자 옷으로요.
곧장 금강산으로 가고 싶었지만 금강산은 북쪽에 있어서
3월에도 한겨울처럼 추운 터라 원주에서 출발해 먼저 제천
의림지를 둘러보았습니다. 의림지는 인공 호수예요. 호서
지방(충청도)은 의림지를 기준으로 서쪽을 말합니다. 참고로
호남 지방(전라도)은 벽골제라는 호수 남쪽을 말해요.
이후 단양에 있는 여러 동굴을 들렀고, 청풍으로
이동해 경치를 구경했습니다. 그다음 목적지가 바로
금강산이었습니다.

충고　드디어! 금강산에 가셨군요. 언젠가 남북이 통일하면 작가님이
본 풍경을 저도 눈에 담을 수 있겠죠?

김금원　언제가 될지 모르지만 단언컨대 금강산은 꼭 실제로 봐야
합니다.
저는 금강산에 도착해서 가장 먼저 내금강의 장안사에

갔고, 그곳에서 비로봉을 거쳐 청련암에 머물다가 금강사의
유점사를 보았습니다. 그 뒤 동해로 들어서서 금란굴과
총석정, 고성의 삼일포, 낙산사 홍련암, 그리고 설악산에 들러
백담사까지 구경했어요.

충고   요즘처럼 포장이 잘된 길을 한 달 동안 걸어도 지칠 텐데, 당시
그 산길을 따라 걷는 여행은 그야말로 대장정이었겠어요.

김금원   그때는 나이가 어리기도 했고, 여행의 설렘과 열망이 커서
지치는 줄 몰랐어요.

제 여행은 그것이 끝이 아니었어요. 처음이자 마지막
기회였잖아요. 욕심을 내서 한양에 갔습니다. 한양 구경은
정말 떨리더군요. 남산에 올라 대궐을 내려다보고, 창의문을
지나 세검정을 거쳐서 관우의 사당인 관왕묘까지 두루
살폈습니다. 그렇게 약 한 달 동안의 여행을 마치고 다시
원주로 돌아왔어요.

충고   그 여정을 바탕으로 이후에 쓴 책이 《호동서락기》입니다.
제목의 의미가 궁금하네요.

김금원   《호동서락기》는 첫 여행을 떠나고 20년 뒤에 썼어요. 제목의
'호동서락'은 제가 다녀온 지역을 의미합니다.
'호'는 호서 지방, '동'은 금강산과 관동 지방, '서'는 평양과
의주를 포함한 관서 지방, '락'은 한양을 뜻하죠. 관서 지방은
성인이 되고서 여행했어요.

지금 태어났다면 여행가로 인정받아 전 세계를 누비며 책도 쓰고 자유롭게 살았을 겁니다. 그래도 조선 후기에 태어난 덕분에 여행하겠다는 생각을 할 수 있었어요. 그즈음 신분제가 흔들리고 상업이 발달하면서 여러 변화가 생겼고 흥미로운 소설도 읽을 수 있었죠.

거상 김만덕 님은 기생 출신의 한계를 뛰어넘어 객주를 운영하고, 어려운 사람을 돕는 사회사업을 하셨잖아요. 제 삶은 그에 비할 바가 안 되지만, 저는 제가 할 수 있는 최선의 삶을 살았습니다.

우리나라 최초의 여성 문학 모임

충고 여행에서 집으로 돌아온 이후에는 어떤 삶을 살았나요?

김금원 운명을 받아들였어요. 저도 어머니를 따라 기생이 되었죠. 아버지가 돈이 많았다면 기적에서 제 이름을 빼고 다른 사람 이름을 올렸겠지만, 그럴 형편이 안 되었어요.

그래도 글쓰기를 즐겼더니 많은 사람에게 주목받았습니다. 금강산에 다녀왔다는 소문이 나서 문인으로 대접받았고요. 글을 잘 쓰는 기생 친구인 박죽서가 있어서 서로 격려하며 큰 힘을 얻었습니다.

충고   기생은 나이가 들면 양반의 첩으로 들어간다고 하던데요.

김금원   저도 추사 김정희의 육촌 형제인 김덕희의 첩이 되었습니다.
          글을 좋아하는 사내여서 다행이었죠.
          남편을 따라 한양도 가고, 남편이 의주 부윤, 지금으로 보면
          시장이 되어 관서 지방으로 떠날 때도 동행했어요. 그때
          '호동서락'의 서(관서 지방)를 여행한 겁니다.

충고   한양으로 돌아와서도 계속 작품 활동을 했나요?

김금원   당시 용산 한강변에 삼호정이라는 남편 소유의 정자가
          있었어요. 그곳에서 여성 문인들로 이루어진 '삼호정시사'라는
          모임을 열었습니다. 저희가 기생 출신의 첩이라서 가능한
          일이었어요. 만약 양반가 여성들이었다면 이런 모임은 열지
          못했을 겁니다.

충고   삼호정시사는 우리나라 최초의 여성 문학 모임이 아닐까
          싶습니다. 그 시대 여성들과는 다른 삶을 사셨어요. 그런데
          어디에도 작가님이 언제 세상을 떠났다는 기록이 없어요.

김금원   건강이 좋지 않던 남편이 세상을 떠나면서 저는 그 집에 더는
          머물 수 없었어요. 그것이 첩의 삶입니다.
          남성 문인이 죽으면 그동안 쓴 글을 문집으로 묶어
          기록하겠지만, 기생 출신 첩의 글을 누가 세상에 남겨
          주겠습니까. 그나마 제가 《호동서락기》를 쓴 덕분에 오늘 이
          자리에도 나온 겁니다.

충고   작가님의 뛰어난 글들이 오늘날까지 다 전해지지 않아
      안타까워요. 하지만 혼자 여행을 떠났던, 어리지만 용감한
      소녀의 도전은 지금까지 생생하게 남아 우리에게 여행과
      성장의 의미를 되새기게 합니다.
      다음은 Q&A 시간입니다. 요즘 청소년들은 여행에 관심이
      많아서인지 질문도 쏟아지네요!

Q&A
: 그것에 답해 드림

출발하자 친구들 대부분 외국 여행을 다녀왔는데, 저는 비행기도 타보지
         못했어요. 제주도도 못 가봐서 친구들이 여행 이야기를 나눌
         때마다 위축이 됩니다. 저도 외국 여행을 가고 싶은데 집안
         형편을 생각하면 부모님을 조를 수도 없어요.

김금원   외국에 못 가봤다고 위축되지 말고, 우리나라를 먼저
        둘러보세요. 여행도 연습이 필요합니다. 익숙한 곳에서
        새로움을 발견할 줄 알아야 다른 나라에 여행을 가도 의미가
        있어요.
        여행에 가서는 여행 안내서에 나오는 유명한 관광지보다는
        그곳 사람들의 생활을 살펴볼 수 있는 시장이나 골목을 걸어

179

보세요. 유명 관광지에서는 여행의 맛을 보기 어려워요.
나른 사람들은 모르는 나만의 장소를 찾는 것도 여행의
묘미입니다.

여행은 낯선 이들 속으로 들어가 자신의 새로운 면을 찾는
과정입니다. 그래서 여행은 혼자도 가봐야 해요. 제가
금강산을 아버지와 함께 갔다면, 그것은 여행이 아니라
관광이었을 거예요.

혼자 여행하며 자기와 대화하고 위기를 해결해 가며 한층
성장할 수 있습니다. 또한 평소에 접할 수 없는 사람들을
만나다 보면 사람을 바라보는 시선이 넓어집니다.

나중에 제주도에 간다면 그곳 할머니들의 삶, 올레라고 부르는
동네 골목, 사투리에 집중해 보세요. 큰 공부가 될 겁니다.
더 좋은 여행은 여행지에서 보름 이상 살아 보는 거죠.

아차, 중요한 것을 잊을 뻔했네요. 여행은 꼭 기록으로 남겨야
합니다. 글도 좋고, 사진도 좋고, 동영상도 좋습니다! 지금 이
순간에도 흘러가는 시간을 붙잡는 방법은 기록뿐이에요.

여행 선배인 저를 믿고 국내 여행, 가까운 지역부터
둘러보세요.

이스 케이프 학교를 자퇴하고 여행도 다니고 다양한 것을 배우면서 살고
싶습니다. 학교에서 왕따를 당한다거나 공부가 싫다거나

하지는 않아요. 매일 아침 학교에 가는 반복되는 생활이
싫습니다.

저는 학교 밖에서도 공부할 수 있다고 생각해요. 부모님을
설득하기까지 시간이 걸렸지만 결국 저를 믿고 동의해
주셨습니다. 그런데 막상 자퇴를 앞두고 보니 두렵습니다.
제가 잘할 수 있을까요?

김금원 먼저 이스케이프 님의 도전을 응원합니다. 학교 밖에서도
공부할 수 있다는 생각에 동의해요. 교과목을 배우는 공부
말고 세상 공부도 필요하니까요.

학교를 벗어나 다양한 장소에서 다양한 사람을 만나면
좋습니다. '망년우'라는 말이 있어요. 나이를 잊은 벗, 나이와
상관없이 친구를 사귀다 보면 청소년의 에너지와 어른의
연륜이 더해지며 더 넓고 깊은 안목이 생깁니다.

다만 집에서 보내는 시간을 어떻게 활용할지 구체적으로
계획을 세워야 합니다. 막연히 자유롭게 살면서 뭐든 할 수
있다고 생각한다면, 분명 실패할 겁니다.

학교에 다니지 않는다고 하면 이상하게 보는 사람도 있을
테고, 학교에 다니는 친구들과 자신을 비교하며 혼란에 빠질
수도 있습니다. 그렇기에 본인이 명확한 목표를 세우고
실천해야 남의 시선에서 벗어나 그 시간을 알차게 보낼 수
있습니다.

집 떠나면 고생? 고생하려고 떠나는 거죠 김금원

왜 자퇴를 하는지, 학교 밖에서 무엇을 얻고 싶은지 진지하게
고민하면 답이 보이겠죠? 그 답에 맞춰 어떻게 하루하루를
보낼지 계획하세요.

삼호정에 모인
여성 문인 5인방

날씨 좋은 날, 용산 한강변에 있는 김덕희의 정자 삼호정에 여성 문인 다섯 명이 모였어. 김덕희의 소실인 김금원을 비롯해 김금원의 동생인 경춘, 고향 친구인 죽서, 운초, 경산까지. 그들은 모두 소실인데, 시에 재능이 있고 풍류를 즐길 줄 알았어. 그리고 조선에서 여성으로 살면서 느끼는 아픔을 잘 헤아려 서로 끈끈하게 연대하며 교류했다고 해.

이 다섯 문인의 모임을 삼호정시사라고 불렀어. 이들 모임은 조선 후기 문화 활동이 양반을 넘어 여러 계층으로 넓어졌음을 보여 줘. 또한 여성들도 적극적으로 자신의 목소리를 알리기 시작했다는 데서 중요한 의미가 있어.

"여자는 규방 문을 나서지 못하고, 집 안에서 술과 음식 만드는 일이나 해야 한다고 하였다. 과연 그것이 옳은가. 여자라고 규중 깊숙이 들어앉아 그 총명함과 식견을 넓히지 못하고, 끝내 사라지게 둔다면 어찌 슬프지 않겠는가.”

김금원, 《호동서락기》 중에서

어때, 김금원의 삶의 자세가 보이지?

조선 시대 여성이 이렇게 당당하게 자신의 뜻을 표현하다니! 지금도 여성은 집에서 가사와 육아를 해야 한다고 생각하는 고리타분한 사람들이 있잖아. 김금원은 정말 시대를 한참 앞서갔어.

그런 사람이 신분제 사회인 조선에서 살아가기 얼마나 힘들었을까. 유일한 해방구는 시 쓰기였을 테지. 어쩌면 그의 시를 읽어 주는 문우들 덕분에 외롭지 않게 견딜 수 있었을 거야.

“저녁 무렵 구슬피 울며 기러기들 떼 지어 날고/ 강물 위 구름과 고갯마루 나무에 가슴이 메어진다/ 서로 생각하며 강물에 눈물 뿌리니/ 지난해 삼호정에서 이별하고 물결만 보냈네”

박죽서, 〈가을 금원에게〉 중에서

어린 시절부터 절친했던 김금원의 친구인 죽서에게 삼호정 동인이 어떤 의미였는지 느껴지지?

    남성 중심 사회에서 기죽지 않고 자신의 목소리를 당당하게
냈던 삼호정시사를 지금 기억하는 사람은 많지 않아. 김금원이
언제 세상을 떠났는지도 몰라. 나머지 네 명에 대한 기록도 찾
기 힘들어. 하지만 그들이 남긴 멋진 시들이 있어. 그 작품들에
서 그들이 남긴 치열한 삶의 발자취를 찾아보면 어떨까?

그분들에게 배운 나만의 길 찾는 법

지금까지 조선 시대를 대표하는 인물 일곱 분을 만나 진솔하게
이야기를 나누었습니다. 그분들이 들려준 이야기를 정리해 볼게요.
자신의 성격과 환경을 정확히 파악하고, 인생의 방향을 정해야
꿈을 이룰 수 있다고 했습니다. 또 학원, 학교, 독서실만 오가며 대학
입학만이 유일한 길이라고 생각하는 청소년들에게 학교에서 배우는
교과 공부 말고도 세상에는 다양한 배움이 있다는 중요한 깨우침도
주었습니다. 세상이 정해 놓은 길을 따라가지 않아도 된다는 말씀 또한
큰 힘이 되었어요.

지금 이 순간 우리 사회가 원하는 인생의 정답이 10년 뒤에는 정답이
아닐 수 있습니다. 세상은 누구도 예측하기 어려운 속도로 빠르게
변하고 있어요. 이 사회가 가리키는 방향으로 가기 싫다면, 조금 여유를
갖고 시선을 돌려 보세요.

인생에는 정답이 없습니다. 인생은 자신만의 답을 찾아가는 과정
아닐까요? 사회가 원하는 답과 다르다고 해서 절대 오답이 아닙니다.

그것이 변하지 않는 정답이겠죠?

이세 이 세상이 원하는 모범생으로 살지 않아도 될 것 같아요. 조금 엉뚱하다고 눈총을 받더라도 씩씩하게 살아가면 어떨까요? 우리 앞에는 내일이 있으니까요. 오늘 조금 실수하더라도 너무 자책하며 기죽지 말아요. 잘못된 부분을 고치고 노력하다 보면 조금 늦더라도 자신이 가고자 하는 목적지를 향해 갈 수 있습니다. 그분들이 우리에게 전한 뜨거운 삶이 그 증거잖아요. 어떠한 상황에서든 용기만 잃지 않으면 됩니다.

일곱 분과 이야기를 나누면서 위인의 의미도 다시 정의할 수 있었어요. 위대한 업적을 남기지 않더라도 자신을 돌아보면서 조금씩 성장하면 누구나 위인입니다. 물론, 꼭 성장하지 않아도 됩니다. 하루하루 즐겁게 충실하게 살면 그것 또한 의미 있는 삶이죠. 다른 사람의 평가는 중요하지 않아요. 당연한 말이지만 내 삶의 주인은 바로 나 자신이니까요. 그런 의미에서 이 무한 경쟁 속에서 오늘도 열심히 살아가는 우리 모두가 위인 아닐까요?

유튜버 역사 충고, 저 또한 자만하고 있지는 않은지(구독자가 100명도 안 되니 자만하기도 힘들지만!), 주변 사람을 배려하며 살고 있는지 등 나를 돌아보는 소중한 시간이었습니다.

참고 자료

책

김용심, 《문체반정, 나는 이렇게 본다》, 보리, 2012

설흔, 《멋지기 때문에 놀러 왔지》, 창비, 2011

양진건, 《제주 유배길에서 추사를 만나다》, 푸른역사, 2011

유홍준, 《추사 김정희》, 창비, 2018

이순신, 노승석 옮김, 《난중일기》, 민음사, 2010

현기영, 《변방에 우짖는 새》, 창비, 2013

홍경의, 김진이 그림, 《오래된 꿈》, 보림, 2011

방송

"국보 180호, 세한도에 숨은 비밀", 〈신역사스페셜〉, KBS, 2011.11.10

"난중일기, 인간 이순신의 기록 1부", 〈한국사전〉, KBS, 2008.4.26

"조선의 여성 CEO 김만덕", 〈한국사전〉, KBS, 2007.7.28

"집중분석, 조선 시대 여인 어떻게 살았나", 〈역사스페셜〉, KBS,

2002.9.28

신문

이가환, "이가환의 역사의 흔적, '담장 밖으로 훌쩍 떠난 조선의 여성 여행가들'", 경향신문, 2016.4.12

웹사이트

김만덕 기념관 홈페이지 mandukmuseum.or.kr

다른 포스트

뉴스레터 구독신청

역사 인터뷰,
그분이 알고 싶다

조선 7인방이 고백한 교과서 밖 '찐' 역사

초판 1쇄 2021년 8월 6일
초판 3쇄 2023년 5월 12일

지은이   문부일

펴낸이   김한청
기획편집   원경은 차언조 양희우 유자영 김병수 장주희
마케팅   현승원
디자인   이성아 박다애
운영   최원준 설채린

펴낸곳 도서출판 다른
출판등록 2004년 9월 2일 제2013-000194호
주소 서울시 마포구 양화로 64 서교제일빌딩 902호
전화 02-3143-6478 팩스 02-3143-6479 이메일 khc15968@hanmail.net
블로그 blog.naver.com/darun_pub 인스타그램 @darunpublishers

ISBN 979-11-5633-413-2 43900

다른 생각이
다른 세상을 만듭니다